管理决定未来

管理决定未来

阿里巴巴网站的创始人马云说过:"如果大家都倒下,我站着就是胜利;如果大家都卧着,我跪着就是胜利。"事实上,在公司成长的过程中,事事如意,样样顺心的情况是罕见的。大部分是逆境多于顺境,失败、挫折、打击和危机,常常伴随着公司成长。一个管理者称职与否,不仅取决于其是否有强烈的创新意识、娴熟的专业技能和卓越的管理才华,而且在更大程度上职决于其面对挫折、摆脱困境和带领自己的团队超越困难的能力。

管理决定未来。本书从管理的角度为企业提升管理水平、提高运营效率出谋划策,以求从容应对市场困境和经营挑战。过冬,活下来是目的,但不是最终目的,最终目的是活得更好。所以,企业一边为活下来绞尽脑汁,同,时还要寻找发展的良机。所谓危机,既是"危",又是"机",在这个经济隆冬,注定将有一部分企业死去,也注定将有一部分企业崛起,抓住危险背后的机遇,就是崛起的根本保证。

管理决定未来

李大鹏◎编著

企业管理出版社
ENTERPRISE MANAGEMENT PUBLISHING HOUSE

图书在版编目（CIP）数据

管理决定未来：管理者如何应对市场困境和经营挑战 /
李大鹏编著 . -- 北京：企业管理出版社，2015.2

ISBN 978-7-5164-0577-2

Ⅰ . ①管… Ⅱ . ①李… Ⅲ . ①企业管理 Ⅳ . ① F270

中国版本图书馆 CIP 数据核字 (2015) 第 030350 号

书　　名：	管理决定未来：管理者如何应对市场困境和经营挑战
作　　者：	李大鹏
责任编辑：	杨苏敏
书　　号：	ISBN 978-7-5164-0577-2
出版发行：	企业管理出版社
地　　址：	北京市海淀区紫竹院南路17号　　邮编:100048
网　　址：	http://www.emph.cn
电　　话：	总编室 68701719　　发行部 68701816　　编辑部 68701408
电子邮箱：	80147@sina.com　　　　　　zbs@emph.cn
印　　刷：	北京嘉业印刷厂
经　　销：	新华书店
规　　格：	170毫米×240毫米　　16开本　　17.5印张　　180千字
版　　次：	2015年3月第1版　　2015年3月第1次印刷
定　　价：	38.00元

版权所有　　翻印必究　　印装有误　　负责调换

前言

在自然界，冬天是四季中最寒冷的季节；在经济发展史上，冬天则是进步的年轮。面对处于波谷的经济形势，管理者应该像动物一样做好"过冬"的准备。如果把危机比做是狼，优秀的企业管理者不仅要与狼共舞，还要像狼一样，想办法活下来，并成为最后的王者！

没有经历过坎坷的企业是很难茁壮成长的，那些没有提前储备好足够粮食的企业往往会在冬天的严寒中死亡。

有人说这个经济冬天才刚刚开始，不管此话是真还是危言耸听，对于已经有所准备的企业来说，再大的风暴，都会成为过去。经过洗礼的企业，才会更加健壮和耐寒！

每当冬天来临，我们经常可以看见一些动物由于不能耐寒冻死于郊野，有的是因为在寒冷的大雪天去寻找猎物被冻死的，有的是因为缺乏粮食饿死在窝里的。这些景象与我们的企业又何其相似。面临如此复杂的经济形势，大多数企业都知道要"过冬"，但是真正能够顺利"过冬"的企业又有多少呢？如何保证自己顺利"过冬"？这是每个企业都在思考的问题。

人要过冬，首先得有棉衣。同样，企业过冬也需要"棉衣"。当然，要想安然过冬，只有"棉衣"还是不够的。经受不住冬天寒气的通常都是那些体质较弱的人，对一个人来说，有一个好身体才能抵御寒冷。而作为企业，除了准备好足够的"棉衣"，还要加强修炼内功，提升自身的竞争力，只有这样才能笑到最后。

过冬，活下来是目的，但最终目的是活得更好。所以，企业一边为活下来绞尽脑汁，同时还要寻找发展的良机。所谓危机，既是"危"，又是"机"。在这个经济隆冬，注定有一部分企业死去，也注定有一部分企业崛起，抓住危险背后的机遇，就是崛起的根本保证。

为了帮助广大企业管理者应对危机，走出严冬困局，我们编写了这本呈现在大家面前的《管理决定未来——管理者如何应对市场困境和经营挑战》。它紧扣经济脉搏，为企业管理者所急所想，帮助企业分析时局，判断大势，出谋脱困，献计解难。

管理决定未来，本书正是从管理的角度为企业提升管理水平、提高运营效率出谋划策，以求从容应对市场困境和经营挑战，笑迎冬去春来。

以史为鉴，把握当前局势，强化内部管理是走出"冬天"的必经之路，更是企业持续发展的基本要求。本书深入剖析了宏观环境的现状及发展趋势，详细阐述了企业强化内部管理的理论、方法和实践，为企业安然"过冬"予以启迪和指引。留出足够的"粮食"是企业过冬的保障，更是企业生命的种子！

企业管理者如何判断冬天来临？历史上各国企业顺利过冬的经验有哪些值得我们借鉴？如何评估企业的过冬能力？为什么有些企业能历经寒冬而更加茁壮成长？企业如何像动物一样过冬？企业如何避免在冬天犯战略性错误和方向性失误？如何在管理和营销上做足过冬准备以顺利过冬？……所有这些，都可以在书中找到答案！

有人说：一次意外的打击，常常能考查出企业管理者的勇气和胆识。其实，危机还能检测出每个企业管理者的应变能力、管理水平与经营智慧。我们衷心期待更多的企业管理者，借危机的逆势把坏事变好事，把危机变商机，以高人一筹的市场应变能力主动赢得危机的生死较量，以高瞻远瞩的经营智慧迎接企业第二个春天的到来。

目 录

第一篇　准确预见经营危机：管理者要有长远的战略眼光

第一章　系统思考该如何应对经营危机
1. 创新思维是管理生存所必需 ……………………………………(3)
2. 独辟蹊径，突破市场困局 ………………………………………(5)
3. 让思路冲破牢笼 …………………………………………………(7)
4. 应对困境的思路 …………………………………………………(9)

第二章　过冬能力——生存下来就是胜利
1. 主动采取积极的自救措施 ………………………………………(12)
2. "剩"者为王：活下来就有出路 ………………………………(16)
3. 在危机中调整自我谋重生 ………………………………………(18)
4. 不在危机中沉沦，便在危机中崛起 ……………………………(20)

第三章　避免在冬天犯战略性错误和方向性失误
1. 战略谋划需要统揽全局、着眼发展 ……………………………(23)
2. 重新进行企业战略态势的选择 …………………………………(25)
3. 别让战略目标与绩效目标脱节 …………………………………(28)

4. 改变思路，在突围中果断转型 .... (31)

第四章 做好危机管理是管理者的必修课

1. 危机是企业大换血的最佳时机 .... (34)
2. 利用危机，在危机中超越自己 .... (36)
3. 速度是处理公关危机的关键 .... (38)
4. 两害相权取其轻 .... (41)

第五章 管理者要吸取名企"过冬"的成功经验

1. 三星电子突出重围 .... (45)
2. 松下的妙手回春术 .... (48)
3. 吉田的"仁善循环" .... (52)

第六章 未雨绸缪，防患于未然

1. 时刻警惕身边的危机 .... (57)
2. 把危机意识深藏于心 .... (59)
3. 防患于未然，实施企业再造 .... (62)

第二篇 节衣缩食过寒冬：
节俭管理是应对经营挑战的关键

第七章 节俭是经济全球化的必然要求

1. 微利经营，拼的就是节俭 .... (68)
2. 生产中减少10%的浪费，利润便可增长100% .... (72)

3. 节俭，致力于杜绝任何浪费 .... (75)

第八章　精兵简政，构建高效率的组织

1. 用最少的人做最多的事 .... (79)
2. 打破组织的藩篱，资源共享 .... (82)
3. 给企业一双合适的鞋 .... (86)
4. 扁平化组织促进创新和企业发展 .... (89)

第九章　培养节俭的企业文化

1. 节俭是企业和员工共同的选择 .... (94)
2. 让有限的资源获得最大的收益 .... (100)

第十章　低成本战略

1. 只有不断降低成本才会有利润空间 .... (104)
2. 扩大生产规模，降低固定成本的分摊 .... (108)
3. 控制原材料采购价格，降低产品的直接成本 .... (112)

第十一章　向管理要效益

1. 合理地搭配人才，"让 1+1 > 2" .... (116)
2. 科学地评估人才的能力，做到人尽其才 .... (119)
3. 留住人才，减少人才的流失 .... (122)

第十二章　营销节俭

1. 先细分市场再投入产品 .... (127)
2. 营销成本的预算、分析与决策 .... (130)

3. 营销费用是一块可以削减的"肥肉" .... (133)

第三篇　营销一定有方法：
用最有效率的"销售军"打开市场困境

第十三章　量身定战略，统筹保胜利

1. 在危机中重新谋划企业发展战略 .... (137)
2. 制定出有效的营销战略规划 .... (139)
3. 挖掘出好的卖点——产品制胜的关键 .... (142)
4. 紧跟变幻市场，有效产品创新 .... (146)

第十四章　做好全方位调查，决胜信息战

1. 掌握风云变幻，占尽八方运势 .... (151)
2. 知彼有方，克敌制胜 .... (154)
3. 知不足求发展，重视反馈信息 .... (158)

第十五章　顺畅流程，后勤保障

1. 完善的仓管是畅通物流的基础 .... (163)
2. 恰当的运输方式是取胜价格战的决定性因素 .... (165)
3. 完善配送管理，让物流更顺畅 .... (168)

第十六章　审时度势，做宣传、定手段不盲目

1. 理智投入，丰厚回报 .... (173)

2. 突破常规，借力打力 .... (176)
  3. 行之有效的促销，名利双收的效应 .... (179)

第十七章　管好经销商，玩转营销力

  1. 解读经销商，走出"选婿"误区 .... (183)
  2. 准确定位经销商，达到双赢是最佳 .... (186)
  3. "选婿"三步走，称心又满意 .... (189)
  4. 支援经销商，有舍才有得 .... (192)

第十八章　化解回款风险，达到百分百回款率

  1. 完美回款策略，规避回款风险 .... (197)
  2. 察己克己，加强回款目标化管理 .... (201)
  3. 调查信用度，回款保障高 .... (204)
  4. 运用非凡手段，获得 100% 回款率 .... (208)

第四篇　失误致败：
没有留出过冬的粮食就会成为历史

第十九章　决策失误

  1. 决策失误是企业经营中最大的浪费 .... (214)
  2. 个人决策的危险性 .... (216)
  3. 决策要充分估计市场的不确定性 .... (219)
  4. 科学决策的关键是遵循正确的原则 .... (222)

第二十章　管理失误

1. 官僚主义的大企业病 …………………………………………… (226)
2. 激活造血细胞，严防财务危机 ………………………………… (228)
3. 任人唯亲结恶果 ………………………………………………… (231)

第二十一章　创新失误

1. 走进创新思维的盲区 …………………………………………… (235)
2. 创新与市场脱轨 ………………………………………………… (239)
3. 创新不等于冒险 ………………………………………………… (241)

第二十二章　资本运营失误

1. 资本结构不合理 ………………………………………………… (244)
2. 盲目并购导致消化不良 ………………………………………… (247)

第二十三章　公关失误

1. 没有危机预警机制 ……………………………………………… (251)
2. 信用危机 ………………………………………………………… (253)
3. 危机处理失当 …………………………………………………… (256)

第二十四章　经营失误

1. 经营企业成了经营权力 ………………………………………… (261)
2. 留不住骨干人才 ………………………………………………… (263)
3. 考绩制度不合理 ………………………………………………… (265)

第一篇　准确预见经营危机：
管理者要有长远的战略

　　古人云：没有远虑，必有近忧。任何企业的发展，都需要做战略谋划，管理者要具有长远的战略眼光。战略谋划即是"远虑"，即是对企业未来发展的思考与抉择。危机的到来，谁也无法阻止，但企业的命运依然掌握在企业管理者自己的手中。是进是退？抉择关乎生死！何去何从？战略眼光决定企业命运。面对危机，企业管理者需要适时地进行战略调整，适时地对企业的发展战略做出新的谋划。

第一章　系统思考该如何应对经营危机

　　处在寒冬之季的企业，不患"感冒"的是那些早有准备、打好"预防针"的企业管理者，不会冻僵的是那些穿上了御寒棉衣的企业。危机当头，企业生存的正确抉择应当是管理者及时调整战略，转型过冬。只有以新的思路、新的变招应对，才能在困境中求生存、才能转危为安。

1. 创新思维是管理生存所必需

冬天迟早要来临，它的到来并不奇怪。然而令人担忧的是严冬下的许多管理者，似乎失去了曾经的激情与创新求变的能力。

身陷困局的企业管理者，如果经营思路不进行彻底的改变，那么，迟早都会被市场淘汰。

究其原因，是思维仍旧停留在经营危机之前的状态中。改变企业命运，首先必须从改变企业管理者的思维开始。

外部经济环境好的时候，企业可以生存。但外部经济环境一旦变得恶劣，思维的僵化会导致原有的企业内在的"死亡基因"像病毒发作一般，使企业顷刻间倒闭。

所以，经济危机只是诱因，内在"病毒"才是根源。

即便没有危机，由于经营观念与战略的偏离，很多企业也已经出现了越大越亏的现象，这其实就是一种征兆，意味着现有企业的经营思路要在危机的冲击中觉醒、转变与升华。

社会是个舞台，你方唱罢我登台。危机让一批企业和企业管理者离开了这个竞技场。创新的过冬思维，才是企业安度严冬所必需的。严冬之下，企业管理者当以怎样的思维过冬生存呢？

有学者提出了以下两种思维的转换，值得企业管理者为之参考借鉴：

（1）将"旺季思维"转换为"四季思维"

许多曾经春风得意的管理者，常常为以往的成功陶醉，而不愿想到日后遭遇寒风刺骨的"冬天"。一旦冬天来临时，就像童话里的"寒号鸟"，因准备不足而忍饥挨冻，甚至倒在寒风中。

聪明的管理者犯错误的原因之一就是自以为高人一等，不愿承认自己的缺点。因此，这种意识必须转变，在花红柳绿的春天就要想到落叶缤纷的秋天，在骄阳似火的夏季就要思考到千里冰封的冬季。提前做准备，才能在冬天到来时，随季节变化调整经营方向和策略。

当今社会的许多管理者也是如此，他们虽然不断地强调危机感，但似乎这种危机感并不属于自己，自以为企业发展可以永续下去。结果，随着经济气候的转变而被无情淘汰。

当企业处在旺季的时候，应当时刻提醒自己："四季轮换是自然的规律，冬天迟早会来临。"

一位著名学者说的好："对现在无知和对过去无知都可以原谅，但是对我们无知到何种程度的无知却不可原谅。"

一位学者适时提出企业管理者要培养"谷底思维"。这种观点认为，很多企业活得很久，并不是他们对机会把握得有多好，而是控制风险的能力胜人一筹。

（2）将赌博性思维转换为战略性思维

长期以来，很多企业管理者对经营战略不屑一顾，视"有多大胆、挣多少钱"为赚钱圣经。在他们看来，经营似乎不需要什么战略，只要有资源、有关系就行了。正是这种思维培养了许多管理者的赌性，将"不按常理出牌"变成了常理。

在当今经济危机形势逼迫下，很多管理者意识到，只有拥有战略思维、主动适应环境的变化成长，企业才能继续生存。

严冬下的企业遭遇，教训了不少好"赌"的企业管理者。战略生存时代来临了！拥有战略意识的人才能成为企业家，赌博性思维只能催生投机客。

2. 独辟蹊径，突破市场困局

企业管理者只有改变单一的市场方式，避免市场过于狭长化，学会独辟蹊径，"狡兔三窟"，才有生存的可能。

企业欲求长远发展，必须有一种创新的精神，就像张瑞敏在《创新是海尔持续发展的不竭动力》一文中所说的那样："战略创新是方向，观念创新是先导，市场创新是目标，技术创新是手段，组织创新是保障。"

海尔集团原是个名不见经传的小企业，正是依靠不断的技术创新，才连续14年保持了86%的增长速度。海尔每天申报1.8项专利，每1.5天开发一个新产品，从而确立了在电器行业的霸主地位，并挺进国际市场。海尔给我们树起了一个靠技术创新起家、靠技术创新壮大、靠技术创新做强的典型。

在今天这个变数极大的市场环境中，凡事都应随机应变，以变应变。如果没有强大而灵活的管理和执行力，企业将难以发展，更谈不上达到目标了。而灵活的管理就是"经过改造的可靠管理技巧"。管理者既要在企业的规章制度建设和企业日常管理上下功夫，同时又不能仅仅拘泥于固有的条条框框，为其所束缚而限制了公司员工的积极性。管理者应该既保持公司的日常规范能够顺利实施，同时保持一定的变通和灵活性，这样企业才能充满活力。

危机对企业的冲击最终会集中体现在市场。当今社会从事加工制造的企业，对海外市场尤其是欧美市场的依赖性逐年增强，而一旦被危机波及，所受到的冲击就十分明显。

然而，虽然世界经济普遍不景气，但也不都是漩涡，除了欧美是重灾区，中东、南美与非洲市场仍有发展的空间。如果企业管理者稍稍改变市场的风向标，也能在海外市场站稳脚跟。国内正有不少进出口企业把海外市场重头戏放在中东、南美、非洲等地，避免了与危机的正面交锋，使得国外市场的销售额有了明显增长。

管理决定未来

在浙江省义乌市，虽然有大批企业倒闭，但也有逆势飞扬者，很多企业嗅到次贷危机的苗头，转而开拓俄罗斯、德国、西班牙市场，给自己留下了转身的空间。因而，义乌市外贸部门的统计数据显示，2008年1月至9月，金华海关接受义乌小商品出口报关单21.25万份，这比2007年同期增长了28.38%。

同时，还有另外一个非常广阔的国内市场，也等待众多曾依赖出口海外市场的企业开发。当很多企业虎视眈眈盯着世界的市场版图亮剑海外，甚至连一个犄角旮旯都挖空心思要占领时，却犯了"骑驴找驴"的错误。与疮痍满目的美国经济相比，稳健的中国市场才是最大的避风港。有不少企业已经开始尝试"两条腿走路"，内销外销两手抓，且两手都要硬。

武汉服装出口大户爱帝服饰，原来把大部分精力都放在开拓海外市场上，受危机影响，他们开始放眼国内市场，并一口气在国内开了五六百家店。外贸巨头美尔雅也跃跃欲试，在保证不丢掉出口贸易的同时，向国内市场试水。

山东皇明太阳能集团有限公司是生产太阳能热水器的大户，主要靠向海外销售昂贵的太阳能设备盈利。这些昂贵设备之所以在国外畅销，在于很多欧美国家对绿色环保设备的大宗采购有补贴。由于经济不景气，一些国外政府砍掉了这部分支出，没有政府撑腰，海外客户也不那么财大气粗了。皇明借坡下驴，借中国的环保热向国内市场转移，如向基础建设部门推广太阳能交通灯、草坪灯等产品。

一场危机，惊醒了中国制造业的"世界工厂"梦，也让很多企业管理者感受到了依赖海外市场所带给他们的惨痛教训。对一些企业来说，"出口转内销"是一个大好机遇。

当然，外销转内销并不是包治百病的灵丹妙药，一些100%依靠外销的企业，在国内不但叫不响自己的牌子，甚至因为做贴牌，连牌子都没有，也没有足够的渠道，内销无疑是白手起家，风险也不小。所以，企业管理者要突破困局，还有很多具体的工作要做，还有很长的路要走。

3. 让思路冲破牢笼

观念更新是推动社会进步的重要因素，思想是促进社会变革的巨大力量。面对危机、身陷困局之中的企业管理者，最需要的是思想开放、更新观念。

在企业经营中，当我们面对难以解开的局面时，只有突破定式，打破常规，以超常思维来解决新问题，才能使企业不断获得新的突破。这对于企业经营的成败具有非凡意义，其功效在于出其不意，而这恰恰是现代企业家所应具备的思维品质。

无论是在顺境和逆境的任何情况下，让思想解放，冲破牢笼始终都是推进企业生存发展的内在动力。

作为企业的管理者，要学会用熟悉的眼光看待陌生的事物，用陌生的眼光看待熟悉的事物。通过思想沟通，使企业全体员工进一步增强忧患意识、机遇意识和奋发有为意识，进一步增强发展的使命感和紧迫感，增强持续发展能力；增强发展动力和活力，以新的视角、新的理念，把主要精力、主要力量、主要措施集中到企业发展上来，不断促进企业和谐发展。

企业突破困局，首先要有一个正确的思路，要用正确的方法，在正确的时机，做正确的事。同时，做出改变性的决策之前要多换思想少换人。一旦决定下来做了，就要不换思想就换人。危机中的企业，换血往往是先换人，把人换了，头脑观念就变了。

换思想或换人都有一个时机问题。这就像在足球赛场上，领先时不断给予激励、在思想意识上打气，比分落后改变阵行，没有效果的话就换人；猛攻时适当换人可缓解危机，扭转形势；对方变阵时，知己知彼，做出相应的换人决定；接近终场换人力挽狂澜……

当前，陷入困局的企业怎样才能冲破思想的牢笼呢？

（1）逆向思维

面对困局，当我们顺着某一个方向的思路不能找到突破口的时候，不妨进行逆向思维，也许就会柳暗花明又一村了。逆向思维是一个当正常的思路打不开局面的时候最为理想的思路。

（2）用变化的头脑应对变化的事物

面对危机，一般人观察和思考事物时，大都会着眼于事物发展趋势比较明显的特征，因为它容易被看出来。对于很难注意和捕捉到的不明显的趋势，就要采取非常的角度来观察和认识了。企业管理者只有用变化的思维来应对眼前时刻都在变化的事物，才能不断地创新，不断地进步。对于危机中的企业，只有不断地打破自己思想中的旧东西，才能创造出新的理念。

（3）转换角度看问题

思维的定式对于人而言是不可避免的，但是对于危机中的企业生存来说，思维定式过于僵化则足以毁灭一个企业。这时，改变经营的思维和判断，跳出思维定式设定的牢笼，学会从多种角度去观察问题，只要视角改变，企业的经营困局往往也会在新的发现中得到突破。

4. 应对困境的思路

危机中的寒气,冻僵了许多曾经激情四射的企业管理者,也使得不少企业冬眠甚至冻毙。那么,改变这种状态,使企业在冬季里安全生存,为未来突出困局而积蓄力量,应以怎样的心态和思路去着手下功夫呢?在这方面,台湾"经营之神"王永庆,给我们提供了宝贵的思路。

（1）冰淇淋哲学

王永庆曾说过一句话:"卖冰淇淋必须从冬天开始,因为冬天顾客少,会逼迫你降低成本,改善服务。如果能在'冬天'的逆境中生存,就再也不会害怕'夏天'的竞争。"这就是有名的冰淇淋哲学。

王永庆的冰淇淋哲学给了我们一个启示:商业环境处在不断变化和改革中,市场竞争必会带来商业行情的波动,经济状况有繁荣也有萧条,人不是神,对于这些自然规律,既无力改变,也无法预知。但是,机会是我们可以把握的,若想把一个企业做大做强,管理者要在经济不景气时把握住机会,在经济萧条时保持探索精神,发现"冷门"商机,并为经济复苏时的发展奠定基础。

（2）瘦鹅理论

瘦鹅理论,来自于王永庆自己真实的经历。第二次世界大战时,世界经济都不景气,在乡下做大米和木材生意的王永庆,发现每户人家养的鹅,在冬天时都因为没有食物而骨瘦如柴,而它的忍饥挨饿,是为了等待春天的到来,有了青草,它就能吃饱和肥壮起来。王永庆冬天里把瘦鹅买回家，到了春天，把鹅养得肥肥胖胖再出售，结果发了一笔小财。

养鹅的经历给王永庆带来了一个重要启示：企业经营在不顺利时，要像瘦鹅一样能忍饥挨饿。只要企业垮不掉，一旦行业景气到来，企业就会像瘦鹅一样，迅速地成长壮大起来。

冰淇淋哲学与瘦鹅理论其内核是相似的，商机往往在逆境中出现；能够在逆境中抓住机会并坚持住，顺境时才会有大的发展。

王永庆就是一个践行这两种思想的人，直到去世之前，他还是这样做的。2008年上半年，越南的经济遭遇寒冬，股市大幅下挫，外资纷纷逃离，王永庆却一掷81亿美元，在越南投资建设全东南亚最大的钢铁厂，为越南带来史上最大单笔的外资投资。这是92岁的王永庆人生旅途中最后一次践行自己的思想。

1954年，王永庆成立了台塑企业，成立之初就碰上了市场低迷期。当时，台湾地区对聚乙烯化合物树脂的需求量少，再加上日本也向中国台湾地区的一些加工厂供应廉价的聚乙烯化合物树脂，面对竞争与市场不景气，台塑一度到了倒闭的边缘，一个月才卖出去了1吨聚氯乙烯。在这种尴尬和困境面前，王永庆做出了一个大胆的决定：继续扩大生产。他认为在困境中更需要去创造市场，通过增加生产来降低成本，吸引顾客。

在王永庆的坚持下，台塑的产量扩大了6倍，同时，王永庆继续投资创办了加工公司，即南亚塑胶工业公司，专门负责生产和加工产品。虽然一开始状况不是很好，但是经过不断摸索和总结，台塑和南亚的业务开始好转，慢慢地台塑在行业内站稳了脚跟。

王永庆通过这件事领悟到了一个经营诀窍：当经济不景气时，可能也是企业投资与展开扩展计划的适当时机。他认为，企业在锻炼中才能成长，而产品滞销与市场萧条时期，恰恰是企业锻炼拼搏的最好时机。

作为掌管企业命运的管理者，需要有一个冷静的头脑，有条不紊地去推进企业的改革和升级，提高企业的竞争力。同时把握适当的时机，做长远的战略性的投资。

此后，凭着"卖冰淇淋应该在冬天开始"的经营思想，王永庆在不景气时做了一项又一项的投资。虽然这样的投资在当时可能并不被人看好，但后来的事实说明了一切，王永庆在不景气时候投资的决策是英明的。

在企业面对同样的困局时，王永庆的思路也许可以帮助我们打开局面，突出重围。

第二章 过冬能力——生存下来就是胜利

　　陷入困局的企业管理者，聪明的选择就是活下来，坚持下去。就在不少企业挥手向市场告别之际，仍有许多在严寒中傲然挺立的企业，用一股勇气、一种精神昭示人们："胜"者为王，坚持就能突围，就能取得最终的胜利。

1. 主动采取积极的自救措施

企业只有生存下去，才能创造利润，才能为社会作贡献，才能让全体员工与企业共享成功的喜悦。

经济危机无处不在，一旦现身，就凸显出了很多企业的弱不禁风和渺小无奈，不少企业在动荡面前毫无还手之力，毫无选择余地。千万个企业不约而同陷入生与死的困局之中，令人猝不及防，显得触目惊心。

面对停业、破产的事实，企业管理者的心灵深处被深深触动，他们在反省与反思：这究竟是为什么？企业应该怎么办？

处于危机困境之中的企业，最为紧迫的任务，就是要确保自己能够活着，存在是其他一切活动的基础，失去了这个基础，一切都是空谈。

深陷困局的企业，首要的选择是保存自己，能够"活"下来，不要成为被大浪冲走的沙子。同时要学会保护自己减小伤害，最大限度地保证在危机中的安全，为未来的重生和崛起进行宝贵的积累。毕竟，能在危机四伏中做到这一点并不容易。所以，独善其身的企业值得钦佩。

最后也是最关键的，危机下的企业活着，也有不同境界、不同层次的追求，是委曲求全，一味退守忍耐，还是主动出击，以化危为机的魄力与勇气，善于开发危机下的新市场，完善困境中的自我定力，从而突出困局，在风险危机中实现企业的转型、升级。可以肯定，能做到后者的企业，必是市场复苏、经济新兴后的行业领军。

能否在危机中活下去而不是被消亡，甚至是在困境中成长，这绝不是一个简单的经济命题，这是对每个企业的考验，也是对企业管理者能力的考核。

事实证明：面对残酷的危机考验，除了坚持别无选择。即使困难重重，也要咬牙坚持下去。经营危机不会遥遥无期，总有一天会云散日开，企业管理者唯有坚持才能笑到最后，坚决不能倒下去。当然，坚持不是不作为，而是积极进行危机处理，以保持企业的生命力。

当今，危机下的企业，最迫切需要做的事情就是生存自救。为此，不妨采用下列措施。

（1）上下同心，同舟共济

企业经营者、管理层和全体员工，都要树立与企业同舟共济的生存意识。

企业要"过冬"生存，首先要求企业的经营者树立"过冬"意识。对于企业经营者尤其是决策高层来说，危机时期首先要保证决策不能失误。

尽量减少大型投资，做好销售账款资金的回笼，减少各种不必要的支出。同时要做好对基层员工的说服工作，在自己的工作岗位尽职尽责，保持饱满的情绪和高昂的斗志，以自身的表率作用影响团结广大员工。

同时企业的各个部门都要坚守岗位，履行职责，比平时更加努力，更高效率地完成工作，以上下一心的努力共渡难关，平安生存。

特别需要指出，很多企业的经营者和高层管理者在行动中的态度和模范作用很重要。只有高层领导做出表率，全体员工才能真实地感觉到企业的未来与发展。

同时，企业应该对有贡献的员工和有利于企业生存的行为给予及时的肯定与鼓励，从而达到鼓励先进、鞭策落后的目的，最终推动企业在"冬季"的道路上顺利前进。

（2）积极主动，力戒消极

在困境下绝不能消极地等待，而是要积极地主动出击。

很多企业遭遇危机后的第一反应就是自我冬眠，被动地等待，停产停业。这是消极的"过冬"办法。正确的"过冬"办法就是在艰难中积蓄力量,在艰难中寻求发展。

一个充满前程和希望的企业,危机之中一定先学会在困难中积累力量,在困难中寻求更大的发展突破。其实,企业遭遇困难的时候,在储备能量过程中,加强内部建设是一种积极的态度。面对困境的时候,企业员工更容易团结在一起,激发出高昂的斗志。此时要因势引导员工的情绪,化不利为有利,化消极为积极,激发员工的斗志,众志成城,万众一心,从而最终战胜困难。

(3) 苦练内功,以图未来

乘着危机困难之时,应当抓紧时机苦练内功。

危机紧缩了市场,减缓了企业发展的脚步。此时,有眼光的企业管理者正好可以利用休整的机会,建设和完善企业内部建设。

比如建立一套更完善、更科学的规章制度;去掉生产经营环节;简化企业的生产工序和业务流程;对企业员工进行精简;加强骨干的培训等。

事实证明,危机后留下的员工都是企业未来需要的精英人才。而经过困难洗礼的人才能够成为企业再次腾飞的助推剂。

虽然,市场"严冬"的到来使得不少企业步履维艰,处境凶险。然而无论如何,生存都是压倒一切的头等任务。只有在三九严寒中傲然挺立、坚持活下来的企业,才有可能在春暖花开之季悄然怒放,竞艳群芳。

2. "剩"者为王：活下来就有出路

也许不久前，不少企业管理者还雄心勃勃地发出势做行业老大的誓言。然而，当危机真的到来时，豪言却变成了哀鸣。摆在千千万万个企业面前的，是不得不跨的生死门。而如何跨过这道生死门至关重要。

企业管理者别无选择，只有想尽一切办法活下去，才是渡过危机、突出困局的生存之路。

中国有句俗话：好死不如赖活。在市场低迷、银根紧缩等情况下，企业管理者撑得很辛苦，但"剩"者为王，只要不成为这场规模浩大的行业洗牌的牺牲者，那么就是一个胜利者。一旦在这场灾难中倒下去，就很难有东山再起的机会了。倒下去，就意味着血本无归，甚至背上累累债务，多年的拼杀努力瞬间化为乌有，哪还会有资本与精力卷土重来？况且，一旦被清洗出行业，企业再回归市场恐怕也没那么容易了。

因此，当前的企业管理者，压倒一切的任务就是生存。为了生存，就必须采取一些必要的措施。企业在困境中存活下来的出路有以下几条：

(1) 减少资源消耗

任何企业，在危机时期，减少资源消耗、保持能量才是熬过冬天的必要措施和手段。企业管理者应尽量把摊子铺得小一点儿，不要着急开发新市场。

(2) 加速资金回笼，获取生存资本

除了保持低消耗，更要不惜一切代价获取生存下来的资本。动员企业全部力量，把企业的存货尽快卖出，以获得资金回笼，为以后从长计议留下转身的余地。尽管这样做，企业利润会降低很多，但生存压倒一切，以小失换大得是值得的。

（3）扩大融资渠道，保持血脉畅通

进行危机处理时，最为重要的是保证资金链不断裂。企业由于资金紧张已到了生存的极限，此时，企业管理者绝不能坐以待毙，而应当积极开源节流，同时借用各方力量，筹措资金撑过这段难熬的日子。

3. 在危机中调整自我谋重生

危机并不可怕,可怕的是没有应对危机的积极主动的精神。调整好自我,就可以获得新生。

有关专家和高明的企业管理者指出:面对危机一定要积极地自我调整,在调整中规划,图谋未来的发展。

(1)积极地寻找新的出路

危机的到来不能成为畏惧与投降的借口。在任何危机中都有企业获得巨大的成功,当危机成为必须面对的经营环境时,企业只能去寻找新出路。危机让企业乘机进行自我调整。通过改变原有的战略策略,整合现有的资源,强化企业的队伍,而获得增长的动力之源。这是企业直面危机并获得成功的前提条件。

(2)在危机中实现转身

危机并不都是有害的。当市场环境很好时,企业对自身的要求都普遍放松,人们也会很浮躁;而当危机来临时,人们开始愿意认真探讨解决市场风险,思考危机中经营与管理的对策。这往往是企业自我升级和转型的最佳时机,通过危机的处理使中小企业引发自身的转变。

企业可以在危机中获得增长的良机,而且已经有太多的企业用实际业绩证明了这一点。如果谋求增长是从内心激发出来的,它就不受危机的影响,不受环境的制约。所以企业管理者只要能够激发出增长的信念,并和成员达成共识,增长就可以成为必然,特别是渡过危机之后的企业其增长将更为迅速。

（3）把危机变成企业发展机遇

危机和发展是一对孪生兄弟。危机让市场富有变化，而变化正是发展的机遇。总结世界各国企业的发展史，只有经历过危机的洗礼并学会自我调整、自我防御、自我升级的企业，才能在未来发展中，基础更坚定，步伐更稳定，速度更合理。这是特殊时期、特殊手段造就的成功，因为这是企业在艰难蜕变中得到升华的回报。从这一点说，企业管理者应该感谢危机的到来，明天的市场中，也许会有更多的在危机中涅槃重生的"凤凰"。

4. 不在危机中沉沦，便在危机中崛起

在研究企业的成败与得失中，以往人们对企业的成功研究得很多，而对企业的失败研究得却很少。然而，面对今天的经济危机，在成千上万的企业中不幸被困的企业毕竟是多数，有的企业更是在遭遇危机时走向了失败。所以，研究失败比研究成功更重要，研究失败可以知道一个企业如何避开危机，如何生存下来，这对今天的企业生存更具有现实意义。

对于企业来说，危机是一种常态。西方企业家们有一句名言："企业危机与死亡和税收一样不可避免。"

企业和人一样，经历危机，并且能够妥善处理危机，才能够健康成长。一个成功的企业家说过："企业经营过程中，更多的是看到失望，而不是看到希望。更多的是承受打击，而不是博得喝彩。"看看世界500强，哪个没有经历过危机呢？翻开它们的发展史，找不出一个没有经历危机磨难的企业。以1997年的亚洲金融危机为例，很多企业倒下去，同时也有很多企业活下来了，活下来的有更强的生命力，将活得更好。所以，面对危机，中小企业不在危机中沉沦，便在危机中崛起。

微软公司的创始人比尔·盖茨说："微软离破产永远只有18个月。"

德国奔驰公司董事长的办公室里挂着一幅巨大的恐龙照片，照片下写着这样的一句警句："在地球上消失了的、不会适应变化的庞然大物，比比皆是。"

海尔集团的张瑞敏用一个"惧"字来形容这几年对海尔集团发展

的感受。他对"惧"的诠释是"如临深渊，如履薄冰，战战兢兢"。他认为市场竞争太残酷了，只有居安思危的人才能在竞争中获胜。

大企业尚且如此，中小企业更应如履薄冰。尤其是在面临宏观经济剧烈变化的时候，更要加强员工的危机教育，更应让每个员工都从思想上做好应对经济危机的准备，全力以赴，同心协力，与企业同舟共济，共渡难关。

应对危机关键在于行动。作为中小企业，面对萎靡的市场，要制定出一个企业的整体"过冬"方案，按照方案做一些准备。比如：业务量减少，是否应该立即裁员？是裁高工资的员工，还是裁低工资的员工？企业是否可以转型，生产新产品？财务上如何保证稳健的现金流？如果资金不足，可以去哪里融资？

总之，处在危机中的中小企业，无论是加强危机管理也好，强化危机意识也好，能够化危机为契机才是危机管理的最高境界。可以预测的是，虽然现在经济形势严峻，寒意渐深，但中国经济基本良好，8%的增长速度仍然让世界吃惊，中国政府和中国人民有信心和能力战胜危机，中国经济绝不会一蹶不振。今天的中小企业管理者不但要思考应对眼下危机的正确策略，还要思考未来经济形势好转后，企业如何适应高速发展的需求；思考在"冬天"时如何对产品进行改良，生产出让顾客更满意的产品；思考产品在危机时期是不是发生了新变化。

今天的企业在危机中，除了想办法生存，还应该想着以后如何做大做强。这才是一个未来强者的英雄本色。

第三章　避免在冬天犯战略性错误和方向性失误

在危机面前，高明的企业管理者一定是"棋高一等"，对企业的发展战略进行新的谋划，对企业的核心竞争力进行强化，对企业的商业模式进行重新塑造，对企业的管理实施变革。

总之，要做高明的"棋手"，运筹帷幄，主动出击。因为，只有在经营上有突破的改变，企业才能在重塑自我中求生，在勇于变革中突围，才能以高人一等的奇招变招，赢得困局中的生死较量。

1. 战略谋划需要统揽全局、着眼发展

全局性，是企业发展战略的首要特征。统揽全局，不仅是制定企业战略时"全局高于局部"的一般要求，更是今天的市场环境与金融危机这种特殊的形势下，对企业战略发展的特殊要求。

战略谋划的全局性具有两大特点，即空间上的广延性和时间上的连续性。这就决定了中小企业设计发展战略时的基本思路，应从两方面着手：一是要着眼于总体，二是要着眼于发展，三是要把握关键。

（1）着眼总体，从全局出发

统揽全局，就要着眼全局；着眼全局，首先就要着眼总体。着眼总体是指从事物的总体出发思考问题，谋略运筹。实现着眼总体的谋略运筹，既需要科学的"视角"，又需要灵活的"眼光"。

企业经营者在谋篇布局时，谋全局之"势"，应不囿于局部之"子"，而应使局部之"子"服从和有益于全局之"势"。

全局之"势"离不开局部之"子"，局部之"子"要有益于全局之"势"，只要这个"子"是全局之"势"所必需的，就要抓住不放。

（2）着眼发展，从运动出发

"兵无常势，水无常形"；"一切皆流，一切皆变"——运动、变化、发展，是事物的普遍规律。着眼发展，是统揽全局的重要方面。

发展，是事物运动的普遍规律。事物内部诸要素之间以及事物与事物之间的相互影响、相互作用是普遍的，因而由这种相互作用而推动了事物的运动、变化、发展也是普遍的。

对企业战略谋划来说，着眼发展包括内外两个方面：

对于企业内部，要着眼企业经营能力的发展和经营目标的变化，

包括企业内部人员素质的发展变化、经营方式和管理机构的发展变化以及技术、设备、资金等方面的发展变化。

对于企业外部，要着眼国民经济的发展，市场容量、市场流向的变化，即人们消费倾向和消费水平的变化，科学技术的发展以及人们的物质生活、精神生活的变化；同时，还要扩大自己的视野，着眼国际上相关方面的发展变化。

（3）把握关键，以一持万

战略谋划需要统揽全局，但统揽全局绝不意味着把各个方面、各个阶段、各个环节都"一览无余"，而是要在顾及方方面面的同时，抓中心，抓重点，抓最要紧的"关节"。

当前，企业的战略谋划，要把自己注意的重心放在那些决定企业生存的最重要、最有决定意义的信息上，尽力使信息来得快速、准确、系统。为此，企业就要善于把握两个方面：一是控制"制高点"，二是把握"关节点"。

"制高点"就是决定和影响企业经营全局的工作中心。目前经济环境，危机重重，生存艰难。高层的谋略运筹，必须善于排除干扰，"以一持万"；如果不能跳出繁琐的事务性工作的圈子，不能改变等待困守的被动局面，便不可能控制"制高点"，也不可能有全局上的清醒和主动。

"关节点"，是指事物在运动变化过程中由一种质态转化为另一种质态的"临界点"，是企业在困局中由防守变为反攻的"转折点"。在"临界点"的两边，事物在数量上的变化不会立即引起质变，而在"临界点"上，事物在数量上的微弱变化就可以引起质变。因而要特别注意"关节点"上的变化。

在当前情势下，尽管企业经营步履维艰，各种事情头绪繁多，但作为战略决策者还是要保持沉着冷静，危机中不忘大局，突围中把握全局。只要企业决策者头脑清醒，思路正确，战略谋划得当，企业就一定能够成功突围。

2. 重新进行企业战略态势的选择

战略态势,就是在目前的战略起点上,决定企业的各项经营业务在战略规划期限内的资源分配、业务拓展的发展方向。战略态势的选择,主要是企业适应市场形势变化、经营重点变化、企业自身变化而做出的一定时期的重要方针和实施方案。

根据实际需要,企业通常可以采用的战略态势,包括稳定型战略、增长型战略、紧缩型战略和混合型战略四种。在特定的内外环境下,企业根据实际需要可采取其中的任何一种战略选择方案。无论选择哪一种战略态势,都不能光凭企业主观的臆断和美好的愿望,而应当审时度势,实事求是地做出明智的抉择。

当然,在现实世界中,这四种战略态势并不是被相同程度地采纳。美国管理学者德鲁克曾对358位企业经理15年中的战略选择进行深入研究,之后发现,以上四种战略态势被使用的频率分别为:稳定型战略9.2%,增长型战略54.4%,紧缩型战略7.5%,混合型战略28.7%。

下面将介绍这四种战略态势的特点、适用性以及企业在作战略态势选择中经常用到的技术和方法。

(1) 稳定型战略:市场形势不利时的维持战略

稳定型战略是在企业的内外部环境约束下,企业准备在战略规划期使企业的资源分配和经营状况基本保持在目前状态和水平上的战略。按照稳定型战略,企业目前所遵循的经营方向及其正在从事经营的产品和面向的市场领域、企业在其经营领域内所达到的产销规模和市场地位都大致不变或以较小的幅度增长或减少。

从企业经营风险的角度来说，稳定型战略的风险是相对小的。对于那些曾经成功地在一个处于上升趋势的行业和一个不大变化的环境中活动的企业来说会很有效。

（2）增长型战略：市场形势顺利时的扩张战略

增长型战略是一种使企业在现有的战略基础水平上向更高一级的目标发展的战略。它以发展作为自己的核心内容，引导企业不断地开发新产品、开拓新市场，采用新的生产方式和管理方式，以便扩大企业的产销规模，提高竞争地位，增强企业的竞争实力。

从企业发展的角度来看，任何成功的企业都应当经历长短不一的增长型战略实施期，因为本质上来说只有增长型战略才能不断地扩大企业规模，使企业从竞争力弱小的小企业发展成为实力雄厚的大企业。

增长型战略能够真正地使企业获得比过去更好的经营规模。事实上，有大量的中小企业正是通过实施增长型战略获得了成功。

（3）紧缩型战略：市场形势危机时的生存战略

所谓紧缩型战略，是指企业从目前的战略经营领域和基础水平收缩和撤退，且偏离战略起点较大的一种经营战略。与稳定型战略和增长型战略相比，紧缩型战略是一种消极的发展战略。

企业实施这一战略，主要是基于这样几种情况：当企业发生重大转型时，当企业遭遇危机陷入困境时，当企业自身组织结构和体制发生突然变故时。由于企业的资源是有限的，既然企业采取了各种方式进入新的产业或是扩大了业务范围，它们就需要在必要时退出某些业务。同时，当危机发生时，由于企业的经营环境发生了巨大变化，原本有利的环境变得复杂和不利了，原来发展过热的产业领域会因进入衰退阶段而逐渐冷缩，原本牢固的供应链、资本链发生断裂，造成大量的投资和资源的转移等等。所有上述情况的发生都会迫使企业考虑紧缩目前的经营，甚至于退出目前的业务或实施公司清算，一般都会考虑采纳紧缩型战略态势。

一般来说,企业实行紧缩战略只是短期性的,其根本目的是使企业捱过危机风暴后转向其他的战略选择。有时,只有采取收缩和撤退的措施,才能抵御对手的进攻,避开环境的威胁和迅速地实现自身资源的最优配置。可以说,紧缩型战略是一种以退为进的战略态势。

(4)混合型战略:市场形势复杂多变时的攻防战略

任何一种战略既可以单独使用,也可以混合起来使用。事实上,大多数有一定规模的企业并不只实行一种战略,尤其不是长期使用同一种战略态势。

从混合型战略的特点来看,一般是较大型的企业采用较多,因为大型企业相对来说拥有较多的战略业务单位,这些业务单位很可能分布在完全不同的行业和产业群之中,它们所面临的外界环境、所需要的资源条件不完全相同。因而若对所有的战略业务单位都采用统一的战略态势的话,显然是很不合理的,这会导致由于战略与具体战略业务单位的情况不相一致而使企业总体的效益受到影响。所以,可以说混合型战略是大企业在特定历史发展阶段的必然选择。

从市场占有率等效益指标上来看,混合型战略并不具备确定的变化方向,因为采用不同战略态势的不同战略业务单位,市场占有率的变化方向和大小并不一致。所以,从企业总体的市场占有率、销售额、产品创新率等指标反映出来的状况并没有一个一般的结论,实施混合型战略的企业,只有在各个不同的战略业务单位中才体现出该战略业务单位所采用的战略态势的特点。

3. 别让战略目标与绩效目标脱节

如果评选"最令管理者生厌的工作"的话,"考核"肯定能名列前茅。频繁的考核周期、复杂的表格、繁琐的评价项目、上下级再制定目标时的讨价还价……无一不让管理者头疼。

这种令人生厌的局面究竟是什么原因造成的呢?

究其原因,绩效目标和企业战略相脱节是重要因素。

首先,很多企业盲目追求绩效目标的"全面性"。为了不遗漏目标,企业往往把各种指标都罗列出来,并设计相应的标准进行考核,有的部门承担着30多项指标。

这种看似周全的考虑,在实践中只会带来两种结果。

一方面,人的精力分散,不能集中在重点目标,尤其是战略目标上。心理学研究证明,人在一个时间段内的心理能量只能很好地关注7个左右的单元。目标非常多和没有目标的效果是一样的。

另一方面,人们在多目标情景中,由于不能兼顾,往往会采取"牺牲创新,少犯错误"的行事原则。因此,规规矩矩表现的部门由于没有大的差错,就不会得到太差的评价。

仔细研究,追求目标的全面性的背后,有两种假设:一种假设是,员工天生是爱偷懒的,因此需要外部的监控;另一种假设是,不考核的内容,员工就不会去做。实际上,员工最反感的就是外部控制,尤其是知识型员工,这种心理更为强烈。另外,企业不能以"考"代"管",日常的沟通、协调和关键点的控制程序都是必要的管理措施,不能把全部压力都让绩效考核来承担。

造成脱节的更重要的一个原因是，绩效目标的来源往往不是企业战略。

在很多企业中，无论是部门的绩效目标，还是员工个体的绩效目标，往往来源于往年的习惯和静态的职能界定。

基于上年的做法来制定当前的绩效目标，显然是假设环境处于稳定状态，不会有太大的变化。实际上，在这个变革时代，多数行业的环境是动荡的，存在着极强的复杂性、频繁变化性和不可预测性。因此，在制定绩效目标时，一定要基于新的环境要求，而不要过分基于过去的行为习惯。

此外，基于静态的职能界定制定绩效目标，往往是不直接承担业务指标的行政支持部门的做法，它们假设部门的职能是稳定的，工作内容也是固定不变的。其实，无论是业务部门还是支持部门，随着企业战略的不断调整，其绩效目标也是不断变化的。

那么，如何解决绩效目标和战略的脱钩问题呢？我们可以从平衡计分卡中寻找解决思路。

如果我们不能描述一项事物，我们就找不到衡量它的方法。如果不能很好地衡量一项事物，我们就很难有效地管理它。对企业战略而言，也是这个道理。中国的企业家不缺乏战略眼光和思考，欠缺的是如何把这些想法用清晰的语言和可操作的方法描述出来。

平衡计分卡中强调因果关系链，实际上是企业战略的描述。这种因果关系式的战略描述，使得我们能够对战略进行管理，而不是盲目地跟着感觉走。以戴尔公司为例，以直销模式为核心、提升运作效率是其战略，而只有把这个战略从财务、客户、内部流程和学习与成长四个方面进行定量化描述时，这个战略才能够真正落地。

平衡计分卡中的因果链有两层含义。一层含义是普遍意义上的BSC因果关系链。即员工学习与成长促进内部流程的改善或创新，进而提高顾客满意度，最后影响财务绩效。另一层含义是指和企业价值定位直接相关的因果关系链。是通过从员工学习与成长到财务四个角度之间的层层递进关系来实现这个价值定位的。

平衡计分卡的四个方面只是描述战略的思考模式，只有那些具体的衡量指标才对企业的实际行动有直接的影响力。

如 3M 公司以创新为其战略，在其员工学习与成长方面就会制定出促进创新战略的具体绩效目标，如激励创新的薪酬机制建设等。

当然，由于战略是动态的，企业绩效目标也应不断调整，随战略而动，才能保证绩效目标和战略不脱节。

同时，要敢于大胆舍弃非战略性的绩效目标。

战略最主要的不是选择做什么，而是选择不做什么。绩效目标的设计也是如此，大胆地舍弃非战略性目标是保证战略性绩效目标得以实现的举措。

当然，对企业生存至关重要的目标，虽然不一定体现变动的战略，也仍然应设计为考核目标。如金融服务业中的风险控制目标，就是一个典型的例子。

总之，无论是关键绩效指标，还是平衡计分卡，都倡导战略性绩效管理体系的设计。作为"战略性"的体现，最为重要的就是绩效目标和战略的紧密结合。

4. 改变思路，在突围中果断转型

企业的成功，大多是靠着"一招鲜，吃遍天"，把主要精力投入到有优势的主要业务中。这是企业发展战略中最重要的特点。一些企业虽然能在短期内获得高额利润，但同时危机也在潜伏。因为跟进者们会蜂拥而上，尤其是那些有实力的跟进者。

面对危机，一些企业需要及时地作战略转型。所谓战略转型即是要改变业务方向，走上一条和最初创业时完全不同的道路。过去，有不少企业即是通过转型而走上成功之路的。

例如携程旅行网刚一创业就遭遇互联网冬天，于是很明智地从旅游门户网站的最初定位，转型为旅游服务公司，才一举成功。但是多数企业更大的转型、更艰难的转型是在突围阶段之后、进入到转型阶段时才开始的。

所以，当企业思考突破危机困局时，就必须以新的思路和方式构建发展战略。改变原来的战略。只有这样，才能在危机中取得生存的资格。

从国内很多企业成功转型实践中，我们可以总结出这样几个转型的趋势：

一是企业经营范围从价值链的单一节点，发展到价值链的多个节点。例如恒源祥体系中，原来只有生产企业加盟，后来则吸纳了销售企业的加盟，形成覆盖生产和销售的加盟体系。盛大公司开始只是一个网络游戏的运营商，后来自主研发出网络游戏，上市之后，又开始构筑"互动娱乐"的大产业链。

二是在产业链中利润较高或较低的环节向相反方向扩张。某些企业从产业链中利润较低的环节扩张到利润较高的环节，它们将拥有更强的盈利能力，例如华旗资讯等企业，有些则是从产业链中利润较高的环节扩张到利润较低的环节，它们的业务结构因此更加稳定，例如汇源集团。

三是制造型小企业实力增强之后，开始增加资本性投资。纳爱斯、汇仁、圣雅伦、大虎等企业开始都没有自己的生产基地或者只有简陋的生产基地，但是在站稳脚跟后，纷纷加强了生产基地的建设，扩大生产能力，以扩大规模来降低成本、以改进设备来提高质量，构筑更加强大的竞争力。

四是多数企业尝试了多元化，但全都是相关多元化，原有的营销经验和渠道资源都能够得到充分利用。这似乎在一定程度上说明，获得初步成功的中小企业在多元化时应该首先选择相关多元化，而不是进入毫不相干的其他领域。

这种相关多元化和专注并不矛盾，实质上是一种基于"专注"的多元化。

五是中小企业成功后，更加重视品牌的完善。纳爱斯、圣雅伦等企业都实施了多品牌战略，发展出面向高端市场的品牌，而其他企业则是努力增强品牌内涵和提升品牌形象。

战略转型实际上就是企业的"二次创业"，在新的阶段、在固有的实力平台上，重新审视商业机会，制定出符合目前能力和机会的战略路线。

由于转型的难度很大，外部环境的好坏会直接影响转型是否成功，所以，企业一定要量力而行，通盘考虑，审时度势，谋划周全。否则，转型必然失败。

第四章　做好危机管理是管理者的必修课

　　危机的到来，对哪个企业都不是一件好事。然而一些富有智慧的企业管理者，却能从危机的挣扎中学会生存的技巧，从危机的挫折中发现收获的捷径，从危机的教训中总结出成功的法宝。每一次危机的本身，既包含着导致失败的根源，也孕育着成功的种子。如果我们无法阻止危机的发生，那么，一定要想办法做好危机管理。针对危机"不可抗力因素"，为使自己的企业最大限度地避免灭顶之灾，做好危机管理，这是一个管理者的必修课。危机管理的最高境界就是化危为机，这才是高手之道。

1. 危机是企业大换血的最佳时机

　　企业由小变大、由弱变强的发展过程，注定要经历多次换血的阵痛。对于在夹缝中生存的企业而言，更需要时刻面临变化频繁、竞争持续加剧的内外环境。而危机的产生，会催促着中小企业急剧提升自我变革的速度，领导者若不具备变革的能力，企业一定会在风云变幻中遭遇灭顶之灾。

　　换人如换刀，有的企业力图用不断换人的车轮战法，来抵御市场寒流的袭击，而危机中的企业生存状况却不见起色，甚至在市场上还有被其他企业逐步打压的趋势，渠道的骤变也归结于此。其实，适时输入"新鲜血液"有一个方法、时机的问题。危机下的中小企业要生存的话，就自然要在市场、研发及管理水平上不断创新，从而获得利润。换血很有必要，关键是掌握好血型是否适合，更换的时机是否适合。

　　由于危机的发生，要求企业必须转型，企业组织形式必须变革，企业发展战略必须有意识地调整，所以企业的换血，在不同程度上已上升到品牌、渠道、队伍、制度等核心要素的整改，并且决定着未来的动向。

　　企业换血的选择，首先要抛弃以前积尘的习惯，改变一些旧有规律。一个新的理念是一个新的起点，在新的起点创造新的企业。

　　企业作为一个生命个体，发展也有生命周期，企业的生存、发展也是一个新陈代谢的过程。一旦它的运营机制老化，市场萎缩，其盈利能力下降，就会不可避免地步入衰退期，企业的生命也就停止了。

有关统计资料显示，我国中小企业的平均寿命不超过3年，如此短命，除大环境因素外，主要原因恐怕在于企业本身，新陈代谢的不及时。

企业的新陈代谢，包括许多方面，如人才的更替、技术的创新、管理思想的转变、企业制度的变更等。一个企业完整的成长历程会经历创立、生存、扩张、发展、鼎盛、成熟几个阶段，其中危机潜伏在每一个阶段中。

初创时期，企业的新陈代谢实际上是自我造血过程。倘若在创业期不能够自我代谢，其能力不足以让企业转动起来，企业也就死于襁褓之中。

多数企业就此而亡。这也是许多创业者之所以失败的根本原因。

扩张时期企业的新陈代谢加大加快，于是企业及时输血，能够引进一批推动企业发展的人才，那么，企业扩张指日可待。这个阶段往往是输血、造血、换血（引进人才、培养人才、淘汰部分跟不上的员工同时进行，以输血为主）。如果不及时，企业也许会半路夭折。

企业发展到成熟阶段，由于发展的要求，需要一批行业精英，于是职业经理人等高层人才被引进。自然的优胜劣汰把部分跟不上企业发展的员工甚至是一起打江山的患难兄弟淘汰掉。否则企业虽然一时强盛，但很快就会开始老化，所以必须得换血，不换血只有死路一条。

危机时期，人才老化，技术落后，管理机制、经营模式老化，新陈代谢严重不通，若不及时地进行大的变革，全方位地换血，企业可能会因此而暴毙。

当然，换血也是有风险的，但却是危机中的企业的重要选择。

2. 利用危机，在危机中超越自己

危机若能很好地利用，往往就可以因祸得福。

1998年2月21日，号称中国彩电第一品牌的长虹彩电，因其所谓"销售方式的改变"，在泉城济南遭遇了尴尬的一幕，发生了济南市7家国有商场联合拒售长虹彩电的事件。

济南市银座商城、省华联商厦、市联商厦、百货大楼、人民商场、大观园商场和中兴商厦等7个大商场召开座谈会，以长虹彩电存在大量质量问题和服务投诉而厂家不予配合为由，采取统一行动，拒售长虹彩电。这一消息，如晴天霹雳，《中国证券报》等国家、地方媒体纷纷发文报道进行"曝光"。这个彩电巨子突然被"曝光"出现质量事故，立即引起了政府、新闻媒体、广大消费者的极大关注。"四川长虹"股票受到冲击直线下跌10%以上，为当时低迷的股市雪上加霜。一时间，"长虹事件"令公众极为困惑。

这是一起企业危机事件，联合拒售的商家声称长虹彩电存在大量质量问题，势必引起消费者的观望情绪、信任危机和彩电的滞销，将可能给企业带来收入锐减、形象受损、甚至倒闭破产的不可预料的严重后果。在十万火急之中，长虹集团总部迅速作出反应，并派遣一名副总经理和部分工程技术人员乘飞机从四川火速赶赴事发地点济南市。

7家商场在"罢售行动"中宣称：长虹彩电虽有中国彩电"第一品牌"之名，但由于其售后服务跟不上，商家在厂家和消费者之间受夹板气，屡次找长虹协调未果，故被迫采取统一行动。有鉴于此，长虹公司一行人员到达济南后立即举办了新闻发布会，声称将对本次拒售事件进行认真调查。

长虹公司人员迅速与联合拒售的七大商家取得联系，刚开始，拒售商家不愿意配合。几经周折，终于坐下展开谈判。经谈判和调查了解，拒售的商家拿不出具有说服力的质量问题证据，在售后服务方面存在不配套现象倒是事实。

长虹公司经与当地商界接触，发现一个十分有利于自己的事实：济南市最大的商家并没有参与联合拒售行列，这似乎大大降低了"联合拒售"的代表性和广泛性。长虹同时与济南市政府部门和新闻媒体进行了大量的接触。

最后，长虹将调查结果通过媒体公布于众：关于质量事故一说由于没有说服力的证据而不能成立，关于售后服务的投诉，长虹诚恳表示将加大售后服务的配套工作。与此相配合，长虹集团总部请出四川省省长，公开肯定长虹的快速成长、品牌信誉和对四川省、国家所做的突出重大的贡献。

通过以上一系列的企业危机公关，"济南拒售风波"终于平息，长虹彩电更为畅销，长虹股票当即迅速强劲反弹。长虹在这起事件中反而"因祸得福"，其品牌知名度被大大提高，消费者对长虹电器的品质也更加信赖。

老子曰："祸兮，福之所倚。"世界上本来就没有绝对的祸，也自然没有绝对的福。祸福总是相对于一定的参照物来说的。当企业出现某方面的危机时，除了积极采取补救措施应对外，如何将坏的情形扭转过来，将危机转化为商机更是管理者应做的。因为危机往往不仅带来麻烦，同时也蕴藏着无限商机。

通过负责、漂亮的危机战役，公众将会对企业有更深的了解，企业在危机过后也能树立更优秀的形象。

3. 速度是处理公关危机的关键

社会是一个复杂的综合体，企业所面临的环境不可能总是称心如意，企业与外界的关系也绝不是温文尔雅的软接触。在许多情况下，不管企业如何充满善意，如何协调各方关系，但客观环境和主观愿望间总存在矛盾，有时甚至出现不可逾越的障碍，导致一些突发事件的出现。这些事件不仅影响企业生产经营活动，而且会给企业造成形象危机，有时甚至威胁企业的生存和发展。这时，就需要用适当的公关活动去调解危机。

在危机处理上，速度是关键。危机不等人，而主动出击是最好的防御。企业在遭遇危机时主动迅速出击，果断承担责任，这样往往能够得到公众的谅解，尽可能维护企业的形象。

危机处理的成败与否，以下因素至关重要：

（1）要建立快捷、高效的危机管理组织

在危机发生时，以最快的速度建立"战时"办公室，或危机控制中心，调配经受过训练的高级人员，配备必要的危机处理设备工具，以便迅速调查分析危机产生的原因及其影响程度，全面落实危机控制和管理计划。这一点十分重要，它是保证统一指挥、果断决策和迅速采取行动的前提，直接关系到危机管理的成败。解决危机，要求人们迅速决策，快速行动。为此，从总体上看，组织机构必须精简，统一协调，规章齐全，职责明确。从参与人员上看，根据危机的程度和类型不同，参与者也有所区别，对于关系企业整体的重大危机，要包括企业的最高领导人，以保证危机决策和落实的权威性；包括企业主要管理部门的负责人，原因在于企业的各个组成部分是一个有机整体，牵一发而动全身；此外还要包括相关外部专家，以提供专业咨询意见。

（2）要对危机进行确认和评估

这是一项富有挑战性的工作。根据经验，管理人员最好听听公司中各种人的看法，并与自己的看法相互印证，错误地估计形势将会给危机处理带来灾难性的后果。企业的最高领导人面对危机，应考虑到最坏的可能，必须对危机所造成或者可能造成的危害以及影响有一个整体的把握，如是否导致破产，是否危及企业的生存，影响是短期还是长期等，以此为基础快速形成危机处理的主攻方向和重点。在危机状态下，管理者必须果断。在对情报分析的基础上，迅速作出决策，以高压强制政策保证决策的落实，将事态迅速控制住，否则就可能势如决堤，一溃千里。

（3）要迅速隔离危机

危机爆发往往是在企业的某一方面或者某一部门出现，然后扩大到整个企业系统。此外，危机发生还具有涟漪效应，一种危机处理不当，往往会引发另一种危机。因此，当某一危机产生之后，企业应迅速采取措施，切断这一危机对企业其他经营方面的联系，及时将爆发的危机予以隔离，以防扩散，造成更大的损失。

（4）要合法转嫁和分散危机

在企业内部，可以根据危机发展的趋势，独立承担某种危机损失，如关闭亏损工厂部门，停止生产滞销产品，主动撤出某一投资领域等，或者由合作者、股东来共同分担企业危机。

在企业外部，可以采取的分担措施包括：其一，通过资本运营，将危机承受主体由企业单一承受变为由多个主体共同承受，如采用合资经营、合作经营、发行股票、资产重组等办法；其二，如果是下游企业，可以通过提高价格等合法方式转嫁风险；其三，如果投保，及时向保险公司索赔，尽快取得流动资金。

（5）维护企业形象，做好危机公关

一般情况下，企业危机的发生会使公众产生种种猜测和怀疑，有时新闻媒介也会有夸大事实的报道。因此，危机企业要想取得公众和新闻媒体的信任，必须采取真诚、坦率的态度。越是隐瞒真相，越会引起更大的怀疑。

在与新闻媒体沟通时，企业要掌握舆论的主导权，尽力以组织发布的消息为惟一的权威性来源。在危机发生而事故真相尚未查明前，可向媒体提供背景材料，介绍发生危机的初步情况、企业采取的措施，以及与事件相关的资料来占领舆论阵地。企业需要慎选对外发言人，发言人应当具备足够的权威，对企业的各个方面和危机事件十分清楚，同时应当头脑清晰、思维敏捷。企业在处理危机时，应当以社会公众利益为重。企业可以邀请公正权威性的机构来帮助解决危机，以协助保护企业在社会公众中的信任度。由社团、权威性机构出面讲话，一般给人以公正的感觉，容易得到公众的信任和舆论的同情。

4. 两害相权取其轻

当危机不可避免时，当事企业的管理者就应权衡利弊，并且当机立断，从中选择一个较轻的后果，从而避免不必要的巨大损失，重塑企业形象。

上个世纪 60 年代的一个星期六，一则电视新闻使这一天成为美国柯达公司命中注定的一个噩梦的开端。

当时，柯达的董事长和总经理都在悠然的心情中边看电视边吃晚餐。他们永远也忘不了那一刻。播音员宣读了柯达公司和一个黑人团体签订的协议书的内容，但他们谁都没有授权签订这样的协议，况且里边的条款不但要花费大量的金钱，而且其中的一些反对种族歧视的保证条款更足以引起其他员工的愤怒。

董事长威廉打电话问总经理路易到底是怎么回事，而路易此时也是"丈二和尚摸不着头脑"。这到底是怎么回事呢？

原来，柯达所在的社区有个激进的黑人团体，他们不满于柯达公司在对待少数民族、特别是黑人的雇佣和升职上的不平等。柯达派出了一个叫杰克的副总裁助理去定期和这个黑人团体沟通。关于此事，当地媒介只是提了一下，全国性的新闻媒介对此事件不屑一顾。

但事情就坏在这个前去沟通的杰克身上。几个星期过去了，什么都没有发生，甚至连地方新闻也都不再报道了。正在此时，他未经批准就擅自同意发布了上述的新闻稿，并且说协议有可能达成。

这个突兀而至的协议，打了柯达一个措手不及，他们原来执行的谨慎的少数民族政策一下子就被打破了。

公司不可能签署这样的协议,柯达的公关经理硬着头皮奉命写了一篇新闻稿,否认周六电视新闻所报道的事,指出协议书是无效的。

这一下可热闹了。

新闻界猛扑过来,大幅的报道见于全国性大报的报道,千篇一律是在说柯达同意优待少数民族,可他们又反悔了。至于协议是由无权签署的职员私自做出的错误举动这点,新闻界则根本连提都不提。

倒霉的柯达因为一个职员的过失被赤裸裸地推上了全国看台,成为众矢之的。在种族歧视早已成丧家之犬的背景下,柯达不仅被骂作轻诺寡信,而且被认为十分敌视少数民族。

公关部接手此事之后首先做的一件事是处理来信。柯达无力回复这么多信是造成敌视升级的原因之一,公关部把来信作了分类,分别给予措辞谨慎的回复。

同时他们准备了专题报道、资料短片、照片及少数民族职工升迁的统计资料提供给新闻界,其中着重介绍了柯达公司里一位身居要职的黑人员工。

几周后,效果初显。一些报刊,包括黑人刊物开始友好地对待柯达,许多人回信为自己的鲁莽而道歉。

然而,仍有棘手的问题没有解决。

作为一家有影响力的报纸,《纽约时报》对新闻界和公众都有极大的影响力。他们的一个记者继续抓住此事不放,对柯达的所作所为一直持不友好态度,尽管有过交涉,但他仍旧我行我素,继续写柯达的负面报道。

柯达的领导层感到不知如何是好。

柯达公关部在无计可施的情况下只好棋走险着。他们决定让《纽约时报》的总编、资深编辑们和柯达的总裁来一次面对面的会谈。这样做,他们也知道,会有一定的无奈和风险:如果领导层们不能溶化冰山,将会带来更大的危机;即便成功了,最少也会得罪那个记者。

但两害相权取其轻，柯达只好尽力为之。

通过朋友的安排，柯达董事长威廉和《纽约时报》的编辑们举行了一次午餐聚会。会上，聪明而正直的威廉赢得了编辑们的喜欢，并且他表达得极好。几位编辑仔细地阅读了柯达的有关材料，他们十分惊讶地发现，以前的报道竟然与实际情况有很大的出入。

此后，《纽约时报》对柯达的报道发生了转变，柯达被写成是一个完美的公司的标本。很快地，其他报纸也转而正面报道柯达了。

柯达的应对危机的做法类似于动物界中的一种求生本领，当被某种捕猎工具捕到后，它们会先努力设法挣脱，当这样的努力无效时，它们便会弃掉被夹到的那部分肢体以求逃脱。因为它们知道，对它们来说更重要的是生命。

所有这些，都强调着一个取舍和魄力的问题。当损失不可避免地发生时，管理者就应权衡利弊，当机立断舍弃小的利益。患得患失不仅无助于损失的挽回，反而只能使自己丢掉更大的利益。

第五章　管理者要吸取名企"过冬"的成功经验

　　企业遇到危机，首要的任务是学习，而不是着急于创造，若干次经验与教训告诉我们，过分着急创造奇迹的结果，大多是以"返工"的方式告终。我们不妨看一下名企是如何处理公司内外危机，是如何过冬的：外部许多危机实际上意味着行业的重新洗牌与管理理论的突破；公司内部的危机实际上意味着公司战略、团队文化与心态的重新建立与调整。这两点是任何一家公司成长历程中不能不懂的商业逻辑。

1. 三星电子突出重围

　　三星在前所未有的危机中，通过大胆改革扭转了败局，并化"危"为"机"，成功地度过了"冬天"，值得企业管理者学习。

　　三星的发展并非一帆风顺，而是经历了种种磨难和考验。

　　韩国处于一个狭长的半岛之上，它与处于群岛之上的日本一样，具有强烈的岛国意识。岛国一般资源缺乏，不像中国地大物博，沃野千里。于是，居住于岛国的人，一般具有强烈的忧患意识、危机意识、拼搏精神和扩张欲望。他们深深地感觉到："今天不努力，明天就无法生存。"

　　如果企业具有了岛国意识，在应对危机与竞争方面，就会具有强大的适应力。三星在应对1997年亚洲金融危机的时候，鲜明地表现出大韩民族天生的岛国意识。

　　首先，在忧患意识、危机意识方面，三星始终用这样的理念鞭策着员工，"在21世纪，不能做到一流就不能生存。过去二流、三流的企业在自己的领域也能够生存，但在全球化的时代，这是不可能的，要时刻保持高度的危机意识。"

　　总裁李健熙在演讲时说："我就任以来，一直在思索当今世纪末叶的情况以及三星所处的位置，我深刻认识到，三星如果不能成为一流企业，就将陷入危机。"他还说："尤其是从1992年开始以来，这种危机感常使我身冒冷汗，彻夜不眠。三星如果安于现状，别说是想发展成为世界超一流企业，就连三流也保不住，我们的确处在悬崖之巅。"

管理决定未来

2006年初，三星副会长尹钟龙在致股东的一封信中指出，三星"已经由一个世界级的公司转变成一个世界级的顶尖公司"，并在信中强调了保持"危机意识"的重要性。"有人把三星的成功称之为'奇迹'，然而，我们的员工要关注的是，接下来'能做什么和该做什么'，而不是昨日的辉煌。"

在三星成为行业领跑者，事业如日中天之际，三星的领导仍不忘谈"危机意识"，这无疑是为了强化员工的忧患意识和进取精神。

谈到危机意识，就不得不提到三星常用的鲶鱼论：将鲶鱼放入泥鳅养殖池里，泥鳅会长得更快、肉更结实。这是因为它们担心自己被鲶鱼吃掉，所以不断游动，以保持警醒；而不断游动又需要吃得更多，长得就更结实。所以，为了使员工保持这样的危机意识，三星也要求员工在心里放上一条鲶鱼，始终保持危机感。

可以看到，三星从上到下都具有强烈的忧患意识与危机意识。为了变化，为了求发展，三星的员工被要求不断接受环境的挑战，并不断进行自我创新，这是三星经营哲学的核心内容，也是三星能够平稳渡过各种危机的重要因素。

其次，在拼搏精神和扩张欲望方面，三星不但表现出了韧性，还表现出了赌性，当然，这种赌性含有较大的理性成分。

三星的成功，一个重要的原因是抓住了从电子工业模拟时代向数字时代过渡的机遇。1998年，电子工业领域的数字时代刚刚萌芽，当时大行其道的是模拟技术，模拟技术以日本的企业为领先者，如索尼、NEC、日立等。

就在亚洲金融风暴尚未烟消云散时，李健熙以敏锐的眼光捕捉到这样一条信息：数字化浪潮正在席卷全球消费电子行业，从模拟技术到数字技术，是整个消费电子行业技术发展的方向。于是，李健熙决心把核心竞争力从大规模制造转向基于数字技术的自有品牌。他给三星制定了新的品牌战略，领导全球数字集成革命潮流，结果一举成功，把日系企业甩在身后。

三星的成功，还与其在危机中坚持品牌战略管理有很大关系。一个企业，拥有了品牌价值优势也就是相当于拥有了市场优势。为了把品牌战略贯彻到企业运营的每个环节中去，三星集团在1999年正式设立了"集团品牌委员会"，规定所有三星集团下属公司在海外市场使用三星品牌时都需获得"集团品牌委员会"许可。

　　经过不懈的努力，三星改变了产品在消费者心目中"低档、陈旧"的印象，确立了高品质、高价值、时尚潮流的新形象。此后，三星通过全球范围内声势浩大的品牌推广运动，牢固树立了数字化时代领导者的品牌形象。

　　那么，如果把这个机会给中国的企业，能取得如同三星般的成功吗？中国有类似于三星那样孤注一掷的企业吗？答案是未知的。从民族的性格来看，中国企业奉行稳中求进的经营策略，即使改革也是局部改革，不会脱胎换骨。中国企业还奉行中庸的经营策略，缺乏强势扩张的精神。从地理位置来看，中国的企业生活在广阔的土地上，资源充分，天生有一种安乐意识。这些都制约着中国企业的发展。

　　我们认为，当一个企业面对寒意深深的经济之冬时，岛国意识很重要。它可以让一个企业于绝处而逢生，于死地而后生。锐意改革，清除企业体内的毒瘤，能为以后的崛起和腾飞奠定基调。

　　三星的危机战略与重组经验正成为中国企业界的一个学习标本。

2. 松下的妙手回春术

松下电器自1918年由松下幸之助创立以来，已经走过了90多年的历程，在这期间，松下始终贯彻"通过提供高质量、高性能的优质产品和服务，来丰富人们的生活，为世界文化的发展作贡献"的经营理念，立足于制造业，以产品制造为生命线，并通过尖端的技术和不懈努力来倾心打造具有灵魂和品牌活力的电子产品。

在复杂多变的经济环境中，多变的市场和激烈的竞争会给企业的成功带来压力和重大考验。比如难以突围的困境，周期性的经济不景气等。

松下也不例外，它这一路走来并非一帆风顺，但凭着对外界变化的敏锐直觉，还有灵活而机智的应变策略，成功地化解了"九九八十一难"。

1929年，日本由于连年军费超额开支，陷入了经济大萧条。不少工厂、公司相继关闭，甚至有银行因为遭到储户挤兑而不得不破产。在这种混乱情况下，年轻的松下公司也陷入了困境，产品突然滞销，销售量直线下降，库存商品堆积如山。当年的12月底，库存商品多到已经再也塞不下任何东西的地步。公司的资金链处于断裂的边缘，几乎陷于必须裁减一半员工的困境中。

屋漏偏逢连夜雨，创始人松下幸之助偏偏在这个非常时期病倒了。

面对困境，当时负责照顾公司的井植和武久一筹莫展，只好忧心忡忡地去向病床中的松下幸之助讨教生存之道。松下幸之助在听取了他们裁减一半员工来应对销售下滑的建议后陷入了深思。一方面，对经营者来说，裁员是解决危机的最有效、最直接的办法，可是另一方面，这不符合松下幸之助一直以来贯彻的经营信念。

想了很久之后，松下告诉井植和武久说："生产额立刻减半，但员工一个也不许解雇。"按照松下幸之助的意思，工厂将工作时间调整为半天，但员工的薪资全额给付，不减薪，不过员工们得全力销售库存产品。松下幸之助认为用这个方法可以暂时渡过难关，获得资金，使公司免于倒闭。至于半天工资的损失，松下幸之助则认为是个小问题，他看重的是如何使员工们有"以工厂为家"的观念。

于是，井植和武久二人回去之后召集全体员工，传达了松下先生的意思。员工们听后先是一愣，继而感动得热泪盈眶，纷纷表示愿尽全力销售公司的库存产品。于是，惊人的结果出现了：松下公司所生产的产品，由于员工的倾力推销，非但没有滞销，反而出现了生产量不够销售的现象，公司创下了历年来最大的销售额，成功化解了危机。

由此看来，择善而行，事无不成，群策群力，才是正确之道。松下电器公司正是在全体员工的努力下，迎来了转机，安然渡过了1929年的危机。

松下公司在应对危机时的另一个特点是善于借危机时期实施改革。松下电器的步步改进措施都是在不景气的时候完成的。松下说过这样的话："逆境也有益。景气好，大家欢迎，景气不好，大家都讨厌。就事情发生的当下来看，的确会如此。但是，如果从整体的观点看来，不景气之时或许是促成另一伟大发展的基础。不景气时固然备受痛苦和困扰，但也唯有在不景气时才能改革，有所收获。因为不景气使我们了解一些以前不知道的事情，或萌生某种觉悟，审慎地安排下一步棋。因此，很多发展源于不景气之时。从这个观点看来，不景气未必全然是件坏事。"

1964年到1965年间，日本经济再度出现不景气的现象。营业部无法完成任务，松下幸之助不得不亲自挂帅，代理营业部部长职务。为了改变局面，他努力探索改革措施，一面听取经销商的反映，一面和公司各部门商量，检讨公司的销售制度，拟定并积极推行改革方案。靠着这些改良的措施，公司与经销商获得了双赢，公司取得了很大的发展。松下幸之助事后总结时说："当时的成功，就是因为有不景气。假定万事顺利，我不会突发奇想，不会去代理营业部长提出那么多项改革。"

随着企业经营环境的恶化与竞争的不断加剧，企业经营者开始纷纷削减开支，裁减冗员。从理论上讲，裁员有助于减少开支，存精去芜，不失为帮助企业渡过难关的一种选择。然而，任何事情都是双面的，裁员也是一把双刃剑，既有益于企业的发展，也有损于企业的发展。为什么减省人力成本反而未能收到预期的效果呢？很明显，企业的凝聚力在裁员中涣散了，导致军心不稳，人人自危。在一个裁员频频的企业中，员工哪有心思和企业形成合力，共渡难关呢？

正是因为松下公司视员工为企业的主人，员工在精神上受到尊重，在生活上获得保障，产生知恩图报的心理，才同心协力帮助松下公司渡过难关，这是凝聚力的回报。

当然，"松下永不裁员"是属于松下公司的经营之道，作为其他企业，要根据自己的实情来处理问题，根据社会环境与行业环境的变化来变革求存。但是，无论什么变化，增进企业凝聚力是企业经营的一个重要法则，不能因为裁员弄得公司人心涣散，这会进一步打击企业的活力，把企业推向崩溃的深渊。

在不断变化的局势中，松下公司抵御寒冬的另一法宝是著名的"下雨打伞"理论。

有一位记者问松下说："什么叫经营？"松下说："下雨打伞就是经营。"这句话看似简单，却包含着深刻的经营哲学，其精髓合乎中国道家的"顺势而变"。松下幸之助的意思是凡是管理者，都必须根据天地之间的自然法理活动，这并不是什么深刻的道理，就如同下雨天打伞一样简单。下雨时天变了，所以得打伞；反之，天晴了，天也变了，所以得收伞。松下公司的经营历史就是一部不断适应环境变化的历史，在不断变化的外部环境当中预测环境，作出正确的判断，所以才成就了今天的辉煌。

　　作为企业中的一员，在生存与发展中更应如此，充分考虑环境的变化。那么要考虑哪些环境呢？一是看大环境，全球经济的走势，中国经济的走势。二是看行业环境，行业发展到哪一步了，有什么新的迹象出现。三是看技术环境，技术往往是革命性与颠覆性的。

　　现在的经济环境是"冬天"将临，那么，企业就不要干夏天的事情，盲目扩张，多元化发展，这是无视经济环境的表现，最终会让自己的企业走向没落。现在的情况需要企业家战战兢兢，如履薄冰。

3. 吉田的"仁善循环"

1945年，就在吉田中雄的公司蒸蒸日上的时候，太平洋战争爆发了。在战乱中，公司不仅丧失了外销市场，而且受到了致命的打击。同年3月10日，吉田在东京的拉链工厂在美军的一次空袭中被毁，他多年的心血毁了大半。战争带来的影响还不止于此，战后的日本，经济萧条，货物奇缺，更为严重的是，人心涣散，意志消沉。吉田公司到了举步维艰的地步，随时都有倒闭的可能。

面对战争的灾难，古田中雄并没有惊慌失措、一蹶不振，他考虑的是重新开厂，东山再起。为了重振自己的拉链事业，1945年，他在家乡又重新建立了一家拉链制造厂——鱼津拉链厂。他把以前散落在东京的一些员工也召了回去。召回去后，他在一次会议上表示，无论企业如何困难，大家都要在一起，通过奋斗解决所存在的问题。员工于是对他感恩戴德，忠贞不二。很快，他的企业发展壮大起来了，员工总人数扩充到千余人。

1947年，在一个员工的帮助下，他见到了一个美国拉链进口商。这个美国拉链进口商到鱼津厂参观。美商拿起一条拉链问："这种拉链多少钱一条？"

"90美分。"吉田试探着报了个价。

美商突然大笑起来，然后讥讽他说："真的吗？90美分太高了，就是再便宜些，在美国也没有人要。"说着，他拿出自己带来的美国样品，相比之下，吉田的拉链不但质量低劣、做工粗糙，而且价格很高。

美商指着紧握在吉田手中的美国拉链说："这些我70美分就可以卖给你，而且我还可以赚钱。"说完，美商扬长而去，留下目瞪口呆的中雄以及满桌子的劣等拉链。

虽然这次生意没有做成，但吉田却从中看到了差距和契机。他认识到只有运用新的技术和机器，才能最终改变质劣价高的状况，才能生产出质优价廉的拉链，才能在市场上有竞争力。

于是，他成立了吉田贸易公司，为引进美国机器作准备。1950年，他从美国买回4套高速全自动拉链机。这个设备的高效及精良的性能让全厂员工都为之倾倒。但他并不满足，又试用各种合金材料试制拉链，这在当时世界上还是首创。经过吉田中雄的不懈努力，各种品种规格的、质优价廉的拉链很快占据了日本市场。两年后，吉田中雄将公司重新命名为吉田兴业会社，简称"YKK"，日后闻名世界的拉链王国就此奠基了。

初战告捷的吉田中雄开始把目光转向国外。1954年，吉田中雄深入美国、西欧和东南亚各地详细考察"YKK"拉链打进当地市场的可能性。经过周密的分析论证和制定方案，吉田中雄开始进军国外市场。

随着日本与西欧、北美的贸易大战愈演愈烈，吉田中雄凭着自己的经验敏锐地意识到：西欧、北美国家必然会通过提高关税来限制日本商品的进口。为在夹缝中求生存，他把发展海外业务的策略定为：利用当地廉价劳动力，在海外建厂生产，就地推销商品。这样生产出来的拉链便不再是所在地的进口商品，这样不仅降低了成本，巧妙地绕过了提高关税的关口，也不影响自己在当地的贸易。吉田中雄把这称为是"把利益还给当地人，让当地人参与经营"。

最后，吉田中雄终于成功了，吉田工业公司成了一个不折不扣的"拉链王国"。

吉田中雄成功后，有人追问他成功的秘诀，他是这样总结的："我不过是爱护人与钱而已。人人为我，我为人人。不为别人利益着想，就不会有自己的繁荣。对赚来的钱，我也不全部花完，而是再投资于机器设备上。一句话，就是善的循环。"

确实，吉田毕生都信奉"善的循环"哲学，他有一句名言叫"如果我们散布仁慈的种子，给予别人以仁慈，仁慈就会循环给我们，仁慈在我们和别人之间不停地循环往复。"就是靠着这个"善的循环"哲学，吉田中雄才成就了他的霸业。

办企业必须赚钱，这是企业的本质，但吉田中雄认为利润是大家创造的，所以得回报给大家，作为企业管理者不可独吞。于是他将"吉田工业公司"的利润分成三部分，1/3以低价的方式交给消费者，1/3交给销售该公司产品的经销商及代理人，1/3用在自己的工厂，用于研发新产品和再投资。

从中，我们可以看到吉田"善的循环"主要体现在三个方面：

一是让利给职工。为了实施分享财富的理念，吉田支出的红利中，60%给了职工，他本人只占16%，家族成员占24%；职工年退休金高达330万日元。这样做的好处是可以得到一个双赢的结果：职工得到的好处多，自然会提高生产积极性，随之，企业的凝聚力会增强，公司会朝着更好的方向发展。同时，吉田中雄还鼓励本公司雇员购买本公司股票。他要求公司职员把工资及津贴的10%存放在公司里，用来改善设备，公司每月以比日本银行高得多的利率支付给职工利息。这样的话，公司不仅能够以此融资，员工也能拿到更多的薪水、奖金以及股息。这就形成了公司与员工之间的"善的循环"。

二是为消费者服务。这主要体现在公司生产各种各样的拉链满足消费者的需求。YKK非常注意市场调查，了解消费者的最新需求，只要有需求，吉田都能生产出来。从衣裤鞋帽、箱包盒袋上的拉链，到潜水服、渔网、防鸟网上的拉链，应有尽有，品种繁多。

三是让利于竞争对手及代理商。日本生产拉链的公司不少，但没有一家企业可以与YKK相抗衡。为了不想看到同行失败，他总是劝说他们："你们要跟我竞争绝对胜不过我，停止吧！你们都长吁短叹地埋怨不赚钱，而我真真实实地赚大钱。请大家停止生产，做我的代理商吧！"后来的事实也证明，他的代理商都赚了钱。最后，在同业竞争中的七十多家厂商中，有将近四十家成了他的代理商。

　　吉田中雄的"善的循环"，值得所有企业管理者思考。很多人认为做生意赚钱是最重要的，就是唯利是图了。诚然，做生意赚钱很重要，但并不是最重要的。为什么呢？财富有趋利的特性，但是最终是趋善的，这也是很多企业管理者最终都把钱捐赠给社会的原因。企业老总把辛辛苦苦挣来的钱捐赠给社会的目的是什么？造福人类，造福社会。蒙牛老总牛根生也说："小胜靠智，大胜靠德"，德即善的表现。可见，把握财富的本质，对于企业开展经营活动很有好处。

第六章 未雨绸缪，防患于未然

"千里之堤，溃于蚁穴"。任何一家企业失败的原因都是复杂的，而其重要原因之一在于它处于兴盛繁荣之时，其危机意识和应对措施都很薄弱。成功往往激起企业家更大的雄心壮志，而对可能出现的危机没有准备或者轻信能够避免。每一个企业王国的崩溃都不是一瞬间完成的，在危机爆发之前总有各种各样的征兆，如果企业有健全的危机预警机制，将会防微杜渐，不至于使隐患发展成为致命的灾难。

1. 时刻警惕身边的危机

企业应树立危机意识，在经营形势不佳的时候，要看到企业危机的存在；在企业发展如日中天的时候，也要居安思危，未雨绸缪，因为危机往往在不经意的时候到来。

企业要避免"温水煮蛙"现象的发生，首先要求其最高管理层具备危机意识。这样，才能使企业从战略上不致迷失方向，避免在不经意之间滑入危机的泥潭之中。

掌握危机管理技能，还要使员工具备较强的心理承受能力和应变能力。对于新员工而言，危机教育更为重要。

要让员工认识到任何一个企业在成长过程中不可避免的会遇到各种危机，这些危机是破坏企业健康成长的根源。企业最大的危机便是没有危机意识，是企业的盲目满足。这在企业鼎盛时期尤为重要。

危机事件的发生多半与企业自身行为不当有关，如违反法令、管理失当、产品或服务出现缺陷等。危机防范教育首先要求企业加强安全教育，强化内部管理，减少人为失误。

许多危机发生前都有不同程度的征兆，企业应教育员工学会识别和捕捉这些征兆。比如在经营环境方面，政府有关的管制政策发生变化；业内出现新的强有力的竞争对手；自然灾害导致供应链管理脱节；在社会舆论方面，企业受到政府、媒体、行业协会等机构的特别"关注"，损害企业或企业管理层形象的舆论越来越多；在市场销售方面，顾客抱怨越来越多，市场销售量渐趋饱和，价格呈现下降的趋势；在生产运作方面，生产计划得不到有效执行，设备老化，生产线经常处于闲置状态，三废排放严重，废品率居高不下；在内部管理上，对环境变化的反应迟缓，管理层相互猜忌，职能部门之间相互扯皮，员工情绪低落；在财务状况方面，各项财务指标不断恶化，盈利能力下降，亏损增加，负债严重等。这就要求员工们掌握与自己岗位有关的危机管理专业知识，明确在危机发生时应采取的具体措施。

根据对全球工业500强企业的调查显示：发生危机以后，企业被危机困扰的时间平均为8周半，未制定危机管理计划的公司要比制定危机管理计划的公司长2.5倍；危机后遗症的波及时间平均为8周，未制定危机管理计划的公司同样要比制定危机管理计划的公司长2.5倍。

因此，制定危机管理计划对于危机管理尤为重要，它可以帮助企业在危机时期有条理地处理危机。

在制定计划的时候，企业需要首先确定可能对自身造成巨大的潜在威胁的事件的范围。有些危机是企业管理层决策的衍生物，在企业实施决策的时候，就可能引发相关危机，如裁员、并购、价格战等就属于此类；有些危机则超出企业的控制范围，如不良舆论、大宗订单的取消、人为的破坏、自然灾害等。对这些问题，应做到尽可能全面，不要遗漏掉重大的潜在危机。

2. 把危机意识深藏于心

青蛙在温水中之所以没能感到危机，还在于它根本就缺少危机意识，没有想到水真的会煮沸。

其实，许多企业都如温水中的青蛙，危机隐患已经存在了，但是还以为形势一片大好呢。因此，在管理上营造危机意识，建设一种危机文化便显得尤为紧迫。

在企业里，领导者常常会采用末位淘汰制来营造危机。这样，每名员工都会努力工作，以求在考核的时候不被炒掉。

在海尔，流行的一句话是"今天工作不努力，明天努力找工作"。海尔为什么会有这种紧迫感呢？这还要归功于张瑞敏的"三工并存，动态转换"管理办法的实施。

所谓三工转换，是指全体员工分为优秀员工、合格员工、试用员工三种，分别享受不同的三工待遇（工龄补贴、工种补贴、分房加分），并根据工作业绩和贡献大小进行动态转换、全厂公布。公司内有一套完善的绩效考核制度，业绩突出者进行三工上转，试用员工转为合格员工，合格员工转为优秀员工；不符合条件的进行三工下转，甚至退到劳务市场、内部待岗。退到劳务市场的人员无论原先是何种工种均下转为试用员工，试用员工必须在单位内部劳务市场培训三个月方可重新上岗。同时，每月由各部门提报符合转换条件的员工到人力资源管理部门，并且填写三工转换建议表，然后由人力资源管理部门审核和最后公布。这样，员工逐步培养起"今天工作不努力，明天努力找工作"的职业意识，调动了工作积极性，一部分员工三工上转，成为优秀员工，在一定程度上实现了自我。

对于刚毕业的大学生，其典型的转换历程往往是这样安排的：首先到生产一线、市场一线等部门锻炼一年，在这当中，员工都是试用员工。见习期满后，由人力中心公布事业部所需人数及条件，本人根据实际情况选择岗位，如果经考核合格，则可以正式定岗，同时转为合格员工。在合格员工的基础上，历时三个月，如果为企业作出很大贡献，被评为标兵，获希望奖等，可以由部门填写三工转换建议表，并交到人力资源管理部门审核。审核合格后，发给当事人转换回音单，通知其已转为优秀员工，并在当月兑换待遇。

通过三工转换，员工的工作表现被及时加以肯定，解决了员工在短时期内得不到升迁，积极性受到影响的问题。在海尔集团内部，三工的比例保持在4：5：1，提升这种比例有助于保持员工的工作积极性，培养了员工的忠诚度。这个制度比较有效地解决了"铁饭碗"问题，增强了员工的危机感和进取精神，使企业不断激发出新的活力。在三工并存、动态转换的用工制度中，员工的使用全部实行公开招聘、公平竞争、择优聘用。

1993年7月在海尔刚实行"三工并存"时，是真正引起轩然大波的一场改革，人人心里都引起了极大震动。

"三工并存"要解决的是一个老、大、难问题。"老"指的是大锅饭体制时间太长，绵延40多年；"大"是说它牵扯每个在职员工的利益；"难"难在受许多条件制约而无处着手。政府官员和过去的厂长对此深感头疼，因为胆子再大、思想再解放也得找出一个具体可操作的办法。这就是在现行体制下如何建立激发员工工作积极性的机制问题，说白了就是打破"铁饭碗"的问题。

"铁饭碗"不打破行不行？不行！几乎每个海尔人都明白，按照传统人事制度，员工只好与企业共同消亡，但每个员工都不愿看到这样的结局。

通过许多事情的证实和管理部门的大量解释，员工终于明白了"三工并存、动态转换"并不是置人于死地，而是让大家一起承担起把企业建设得更好的义务和责任。而且新的管理办法对老员工还有明确的保护措施：有10年厂龄的员工不在辞退之列，对确有困难的老弱病残者，必须保护他们的利益，所以海尔员工都开始来关心企业，努力实现海尔的目标。

　　建立这样严格的员工竞争机制，实行末位淘汰制，给员工们带来了危机意识，从而使公司更有挑战危机的信心。

3. 防患于未然，实施企业再造

"市场经济惟一不变的就是它永远在变"，"不懂得变通就要面临被淘汰"，所以企业要想时刻立于不败之地，实现永续经营的目标，就必须因地制宜，时刻注意身边环境的变化，在必要的时候实施企业再造。

关于这一点，哈尔马克公司给我们提供了一个很好的样板。

哈尔马克公司，面对3C的变化敢于挑战自我，迎接未来，不愧为美国贺卡行业的佼佼者。"没有远虑，必有近忧。"这是哈尔马克公司每一位领导者心里时时照亮的一盏警灯。防患于未然是哈尔马克公司实行企业再造的根本思想，也是它为贺卡行业所瞩目的闪亮点。

哈尔马克卡片公司是一家位于堪萨斯市，有着83年历史，在美国贺卡行业居主导地位的公司。该公司决定推行业务流程再造时，经营情况良好，也没有面临生死攸关的竞争威胁。对哈尔马克而言，实施企业再造是一种防患于未然的远见之举。

1988年，鲍勃·斯塔克出任公司公关贺卡部的经理，该部门是公司的核心业务部门所在，负责哈尔马克和大使两个品牌以及哈尔马克一家制作蜡笔的子公司。当时，贺卡市场正在经历迅速的变化。

长期以来，哈尔马克卡片公司的市场和销售渠道具有同质性。然而到了20世纪80年代，消费者开始细分为许多群体，公司的销售渠道也在不断扩大。同时，公司11 000多家专卖店由于房租上涨，必须在更短的时间内卖出更多的产品才能保持盈利，而一些大的零售商也要求哈尔马克公司推出合适的产品和有针对性的营销方案。

到了1989年，为了满足日益细分的市场需求，公司的产品种类剧增，而每种产品的平均印刷批量却在下降。其结果是，一方面，印总数相同的贺卡需要更多的印刷机，而大型印刷机的价格近百万美元一台，若一下子添置二三十台，耗资太大；另一方面，大型印刷机在印贺卡之前需要约8小时的准备时间，若在过去，准备8小时，机器运行时间为20～24小时，比例还算合理，但在运行时间已降至8小时的情况下，8小时的准备时间显然已失去其合理性。同时，公司为了保持历史增长率，不仅需要推出更多种类的新贺卡以满足更多的细分市场的需要，而且还要针对不同的销售渠道设计营销和促销方案。此外，细分市场之间的同质性的减少，意味着必须在更短的时间内发现畅销品和滞销品，并迅速对各细分市场作出反应。因此，公司需要培养能够从零售市场更快地得到反馈的能力。

1989年2月，鲍勃·斯塔克召开了由40位高级经理参加的工作会议，来讨论公司的业务流程，并就做得不够的地方提出未来的改进设想。显然，公司的经营状态并不是非常理想。比方说，新贺卡从构想到上市要花2～3年时间；产品上架销售后，销售情况反馈得太晚，有时要几个月才能得到相关数据，以至无法及时补充畅销卡、撤回滞销卡并推出新产品。这对机会可能稍纵即逝的贺卡行业——譬如在情人节，贺卡的零售高峰期就那么几天来说是致命的。与会者还认为，每年仅作一些小改进已不足以解决问题，惟有彻底变革公司的经营方式才能实现真正的突破。于是，哈尔马克公司决定实施业务流程再造。

鲍勃·斯塔克首先自己充分理解了业务流程再造这一跨部门之举的重要意义。接着，他和经营委员会的成员只花了很少时间去了解公司的运作方式，并寻求运作方式的重大变革。比如，公司的画家、编辑和其他富有创造力的人们如何合作来构思新产品；销售情况该如何收集，改进产品的存货补充、市场营销和促销方案；在产品种类剧增的情况下如何控制生产和印刷成本；怎样满足零售商日益苛刻的要求等等。

哈尔马克公司不断向员工们解释，业务流程再造并不是要让人们工作得更辛苦，而是要更潇洒地工作。另外，企业再造需要高层管理者们投入大量的精力，经营委员会一致认为，应该不惜一切地向企业再造投入全体员工的时间与精力，以实现再造目标。此外，公司还通过派出最优秀的员工参与再造，向全体员工传递着一个非常清晰的信号——表明了公司对推选企业再造的坚决态度。

1990年4月，公司提出了明确的经营目标：一年之内把新产品投放市场，推出能够争取买主和零售商的产品和促销方案，并在不断提高质量的同时，降低成本。归根到底，就是要显著提高零售业绩。

公司管理层还意识到，尽管他们已向员工们说明，业务流程再造的目标是要实现零售业绩改进这一共同目标，但是，在再造过程中，必须还会有种种障碍，毕竟抽象地谈论变革与彻底地改变自己的工作方式是两码事。这就要求公司精心挑选小规模试验项目，以一般渐进式改善无法达到的显著的实绩增进，来向员工们表明企业再造的有效性。

哈尔马克公司把100人分成9个小组，让他们就需要进行变革的关键点提建议。几个月后，各小组向5人经营委员会提交了约100条关于业务流程重新设计的建议，经营委员会批准了其中的12条，作为小规模试验的首期推出。

哈尔马克公司还对其产品的开发流程进行了再造。首先，公司改变了对时间的看法。在过去，哈尔马克公司认为时间根本不成问题，一次做不好，总有足够的时间来重做，这种思想反映于产品开发全过程之中。

具体表现为，一种新贺卡从构思形成到投放市场需2~3年，其中2/3的时间花在计划的制定、构思的形成以及贺卡的创作上。应该说，哈尔马克公司拥有世界上最大数目的创造性人才，它所拥有的700位画家和文字工作者每年能提出23 000多种新的产品设计方案。然而，从评估市场需求到新产品的出台期间，有大量的会议，多次文字和美术上的修改以及无数次的审批和反复。某项研究的结果表明，从得到产品构思到准备付印，中间竟有 25 次转手。

于是，公司大力宣扬"时间就是金钱"这一观念。接着，在 1991 年夏天，公司推出了一种全新的贺卡开发方式，即把不同专业和部门、办公室处于不同楼层和大厦的员工集中起来进行产品开发工作，以激发创作灵感，减少排队时间，并消除扯皮现象。事实表明，这种方式取得了巨大的成功——有一半产品在 9 月份之前就进入商店销售，提前了整整 8 个月，另一半产品于春天试销。新贺卡开发首战告捷，使公司上下备受鼓舞，于是，管理层决定将占公司 40％季节性贺卡的开发时间降为 1 年以下。

此外，哈尔马克公司还改革了审核流程。在过去，总有一个管理委员会来定期审核美术工作者和编辑们的工作。但在综合小组中，审核工作改由小组成员们共同完成。实际上，只要小组成员理解了公司的业务宗旨，并知道其工作最终会由管理层把关，那么，大量的临时性审核便显得多余了。事实表明，审核流程的改变加快了产品开发，而推出的产品也比以前更棒了。

经过业务流程再造，哈尔马克公司管理层深深意识到，变革正成为常规的，且是一个永无止境的过程。因此，哈尔马克公司不断努力培养和提高整个企业的应变能力，使得公司的每一位员工都能对不断发生的、变幻莫测的变革作出迅速而正确的反应。哈尔马克公司知道，在实施企业再造的道路上，还会遇到各种各样的挑战，如何提高质量，以更好地为顾客增加价值；如何开发更高级、更有效的信息系统，以满足业务流程持续性优化的要求等等。当然，最大的挑战仍在于把企业再造坚持到底。

企业再造不是简单的部门加加减减，而是一项具有战略性永无止境的过程。我们在学习这一理论并付诸实践的时候，也应该清楚地认识到，企业再造的目的是为了有效地避免可能出现的危机、更好的发展，而不仅仅是回到从前简单意义上的生存。

第二篇　节衣缩食过寒冬：
节俭管理是应对经营挑战的关键

　　面对着生死存亡的危机困局，每一个企业管理者都应该把节俭管理作为头等大事来抓。危机中，高耗浪费的企业是无法生存的，建立节约型企业，是所有企业管理者面临的一项十分必要和紧迫的任务。一个优秀的企业管理者必然会让节约成为企业的一种精神，一种文化。只有一手抓增收，一手抓节支，企业才能生存与发展。

第七章　节俭是经济全球化的必然要求

　　成功企业在竞争中最大的优势，就是能做到节俭。危机当头，努力突出困围的企业管理者，无一不把节俭当成必须的选择。坚持节俭的方针，不仅仅是企业应对危机的权宜之计，而且也是增强企业核心竞争力，实现可持续发展的根本要求。

1. 微利经营，拼的就是节俭

　　节俭不是"老""旧""土""粗"的东西，而是财富和利润的发动机。只有节俭，企业才能生存。在微利时代，在是否节俭的问题上，企业只有一种必然的选择：一定要节俭。

　　经济全球化使企业之间的竞争越来越激烈，面临的形势也越来越严峻。为此，除了提高产品的市场竞争力之外，有效地降低运营成本已经成为多数企业竞相追逐的目标。道理很简单，在利润空间日趋逼仄的情况下，谁的成本低谁就可以获得生存和发展。

　　在一个充满竞争的时代，除了少数国家垄断企业，任何一个行业中的任何一个企业都必将面临和已经面临微利时代的挑战。一段时间以来，先是有人宣称手机微利时代来临，然后是家电微利时代、PC微利时代、商业微利时代，接下来是机械微利时代、钢铁水泥微利时代，现在是社会全行业微利时代。不管这些个说法是否准确，然而微利时代的到来是一种必然，经济全球化使企业之间的竞争越来越激烈，企业面临的生存形势也越来越严峻。

　　现在很多销售收入几十亿上百亿元的大企业，实现的利润还不如过去一家中小企业的利润多。

　　价格战，谁不会打？你狠我也狠！很多厂商抱着这样的心态来对待这个事情。这年头玩的就是资金，用钱来抢一个市场先机也是划算的。然而等待年终结算时，才发现自己是在赔本赚吆喝。

　　价格战是最简单也是最没有出息的竞争方式，在竞争环境下同一性质企业可以都选用同一技术，同一产品之间选择"价格战"来进行竞争，这种方式只能导致相互残杀，两败俱伤。

然而别人降价你不降，顾客都被吸引过去了。一打价格战，双方都没钱赚，活在微利时代的企业，日子究竟要怎么过？

首先要承认，微利时代的企业，日子怎么都不会好过。例如沃尔玛，在不好过的日子，依然有能过下去而且过得有滋有味的企业。

可以说，沃尔玛是一个微利时代生存的企业奇迹，它既不高深莫测，也非高不可攀，它的生存基础说透了就是两个字：微利。沃尔玛的生存和成长，不但不受微利时代的影响，甚至得益于微利时代。

沃尔玛是微利时代下骁勇善战的勇士，沃尔玛是如何在微利时代成功的？"沃尔玛式生存法"的道理很简单：价格低了，就要想办法降低成本，扩大销量。

在中国沃尔玛总部，所有员工的办公桌，都是电脑城里最常见的那种最廉价的电脑桌，连老板也不例外。有的连桌子边上包的塑料条都掉了，露出了里面劣质的刨花板。虽然你可能对沃尔玛的节俭有所耳闻，但是你所见到的绝对会超乎你的想像。

沃尔玛的买手们和供应商讨价还价，他们被认为是最精明、最难缠的一批家伙，但他们出差却只能住便宜的招待所。沃尔玛的一个经理去美国总部开会，被安排住在一所大学因暑期而空置起来的学生宿舍里。这是沃尔玛吝啬的一面，它绝不会因为你的办公桌上有几个坑而为你换一张新的，"反正也硌不死人"。

除了办公设施简陋外，沃尔玛还有一个很重要的措施，就是一旦商场进入销售旺季，从经理开始所有的管理人员全都到了销售一线，他们担当起搬运工、安装工、营业员和收银员等角色，以节省人力成本。这样的场景只会发生在一些小型公司里，而且这种行为常常被人视为"不正规管理模式"，但在沃尔玛这样的大集团中却司空见惯。

沃尔玛的这种节俭精神来自其创始人山姆·沃尔顿，他是出了名的"吝啬鬼"，当山姆·沃尔顿成为世界首富之后，仍然开着自己的老福特牌卡车，也曾经因为一个沃尔玛的经理人忘记了关灯而大发雷霆。他没购置过豪宅，一直住在本顿维尔，经常开着自己的旧货车进出小镇。镇上的人都知道，山姆是个"抠门"的老头儿，每次理发都只花5美元——当地理发的最低价。

他的弟弟巴德·沃尔顿曾经说过："当马路上有一便士硬币时，谁会把他拾起来？我敢打赌我会，我知道山姆也会。"公司员工曾在山姆·沃尔顿即将走过的路上扔下一枚硬币，看他会不会拾起——亿万富翁沃尔顿果然屈尊把它捡起。沃尔顿并不贪图一枚小钱，而是养成了珍视每一分钱的习惯，这种习惯根深蒂固，很难改变。

沃尔玛公司的名称充分体现了沃尔顿的节俭习性。美国人习惯上用创业者的姓氏为公司命名。沃尔玛本应叫"沃尔顿玛特"（Walton-Mart，Mart 的意思是"商场"），但沃尔顿在为公司定名时把制作霓虹灯、广告牌和电气照明的成本等全都计算了一遍，他认为省掉"ton"三个字母可以节约一笔钱，于是只保留了"WALMART"七个字母——它不仅是公司的名称，也是创业者节俭品德的象征。沃尔玛中国总店的管理者们对老沃尔顿的本意心领神会，他们没有把 WALMART 译成"沃尔玛特"，而是译成了"沃尔玛"。一字之省，足见精神。如果全世界 4000 多家沃尔玛连锁店全都节省一个字，那么整个沃尔玛公司在店名、广告、霓虹灯方面就会节约一笔不小的费用。

沃尔玛有一个规定，高级管理人员出差只许乘坐二等舱，住双人间，连沃尔顿本人也不例外。当公司总资产达到 100 亿美元时，他出差依然住中档饭店，与同行人员合住一个房间，只在廉价的家庭饭馆就餐，他还常常亲自驾驶货车把商品送往连锁店。

沃尔顿本人没有买过一艘豪华游艇，更没有买下一座专供大富豪度假的小岛。反之，每当他看见其他公司的高级雇员出入豪华饭店，毫无顾忌地挥霍公司钱财时总是感到不安，他认为奢侈只会导致公司的衰败。

老沃尔顿的几个儿子也都继承了父亲节俭的性格。美国大公司一般都有豪华的办公室，现任公司总裁吉姆·沃尔顿的办公室却只有 20 平方米，公司董事会主席罗宾逊·沃尔顿的办公室则只有 12 平方米，而且他们办公室内的陈设也都十分简单，以至于很多人把沃尔玛形容成"'穷人'开店穷人买"。

"节俭"的沃尔玛在短短几十年时间内迅速扩张。现在，沃尔玛在全球有近万家连锁店、超市和"山姆俱乐部"仓储超市。2009 年，沃尔玛全球销售总额达到 4050 亿美元，在所有零售商中名列首位。

对于这些世界 500 强企业，浪费几度电，几张头等舱机票对他们来说不过是九牛一毛。发展到今天，勤俭节约的精神仍然被他们的管理人员奉为天条，这个现象值得中国的企业深

2. 生产中减少 10% 的浪费，利润便可增长 100%

在市场竞争以及职业竞争日益激烈的今天，节俭已经不仅仅是一种美德，更是一种成功的资本，一种企业的竞争力。节俭的企业，会在市场竞争中游刃有余、脱颖而出。

一般企业在激烈竞争中，能维持 10% 的净利就算不错了，尤其在不景气中，想要再成长，真是难上加难。然而，走进任何企业，触目所及，皆是浪费，简直可用遍地黄金来形容，至少有 30%，甚至可高达 90% 若能改善，所贡献的是净利增长，而且比接单容易多了。在一些企业我们经常看见以下现象：

（1）**设计错误、不良、过度的浪费**

不仅原料、零件损失，而且加工、组装困难，测试调整不易，尤其会阻碍销售，往往血本无归。设计的标准化、模块化当可防患。

（2）**库存过多、过久、过乱的浪费**

不仅造成呆滞废料的损失，还常造成满库现象，独缺或找不到要用物品的停工损失，更可能因料账不符造成徇私舞弊。惟有贯彻进、销、存的规定，使料账确保相符，方能进一步改善。

（3）**产能利用率不足、投资过度的浪费**

连 7-ELEVEN 都 24 小时营业了，许多企业的土地、厂房、设备、机具却只 8 小时运转，甚至其中还有一半时间闲置,怎么会有竞争力呢？

（4）**产销不顺畅、不平衡的浪费**

产大于销，造成堆积；销大于产，发生缺货；旺季加班负担重，淡季闲置损失多。计划产销，使顺畅平衡，既可快速切入市场，亦可抑减浪费。如：品质不良，检验、重工、报废的浪费。不论是进料检验、生产全检，还是出货测试，都是重复的无效工时，必须从一开始就做好并主动检查，更可避免重工、报废之损失。

（5）机具故障，停工、修复的浪费

机具故障率高，不仅是停工、修复的损失，尚包括备用机具的全套投资、维修人员薪资。其实，只要做好三级保养，几乎可做到零故障。

（6）制作流程及生产线不平衡的浪费

瓶颈关通常使前后过程必须等待，更造成全套设施重复投资，惟有进行流程分析及动作分析，并透过改善疏通瓶颈，得以最小成本，增加产能。

太多的浪费大大提升了企业的成本，降低了企业的利润。同时，有很多企业在设定目标时，定的是销售额或市场占有率而不是利润。在旧经济时代，有了市场占有率，利润就会接踵而来。但在新经济时代，拥有市场份额，并不能带来预期的利润。相反，对市场份额的热切需求，反而是导致企业进入无利润区的最大根源。中国企业的资产利用率普遍不高，盈利水平不到国外企业的30%，企业采购成本偏高，财务融资成本偏大，库存积压资金极大，应收账款问题严重，以及价格损失过大。这些使企业流失了大量利润。

台湾企业界"精神领袖"台塑总裁王永庆，在多个场合多次反复强调这样一句话："节省一元钱等于净赚一元钱。"我们可以算一笔简单的账，假如一件产品的售价是100元，成本是90元，那么利润是10元。如果能够把成本降低10元，利润就是20元。显而易见，成本降低了10%，而利润就增加了100%。削减一分的成本，就可以增加成倍的利润。如果认真地搞好成本控制，在企业内部削减成本，哪怕把成本降低5%，利润就会增加一倍，即使利润率是10%，降低5%的成本仍然增加了50%的利润。

所以，企业要想盈利，削减成本是一条切实可行的路。节约每一分成本，把成本当作投资，就能引起每个企业对成本的足够重视，从而在日常管理的时时刻刻和方方面面，有强烈的节省成本和追求回报的意识。

本田公司有个著名的"三河商法"，其中重要的一条就是吝啬。丰田公司的老板丰田喜一郎非常讨厌浪费，他说过，"搞企业必须有基础，而这个基础就是要杜绝浪费"。他强调，丰田公司的批量生产模式就是要彻底杜绝浪费，追求汽车制造的合理性。从创业之初，喜一郎就强调："钱要用在刀刃上……用一流的精神，一流的机器，生产一流的产品。要彻底杜绝各种浪费。"丰田的厉行节俭是全球出名的。十几年前我们就已经听闻丰田办公室的员工用过的纸不会随意扔掉，反过来做稿纸；铅笔削短了加一个套继续用，领一支新的也要"以旧换新"；机器设备如果达到标准，很陈旧也一样使用；鼓励工人提出合理化建议，几乎每天都有人在技术革新、小改小革上下功夫。尽管这是报道，但已反映出丰田企业管理的面貌。正是因为完美地贯彻了"吝啬"的精神，丰田汽车公司取得了自己事业的巨大成功，成为了世界汽车行业巨头之一。

许多人都知道吝啬可以创造财富，但是很少有人能像丰田那样一以贯之，并且让吝啬成为公司的一种经营理念。在创富的道路上，我们听到过许许多多理念，每一个都有大量的理论支持。但是丰田却用家庭式的节俭之道创造了巨大的财富。

节俭从来就不是个大问题，但却需要大本领才能做得彻底、做得不留遗憾。特别是对于当今的行业来说，利润微薄的同时还要快速扩张，不降低成本运营就难以生存，可谓节俭决定存亡。

3. 节俭，致力于杜绝任何浪费

　　企业生产经营的目的是追求利润最大化，要追求利润最大化必须最大限度地降低成本，而降低成本的关键点是降低生产成本，要降低生产成本必须彻底消除生产过程中的各种浪费。

　　企业间的竞争日趋激烈，产品供大于求的现象越来越突出。随着信息的进一步透明，人才的不断流动，技术的同质化倾向越来越明显，企业很难再利用自己的专有技术赚取超额利润。所以企业往往采取降低价格作为市场竞争的最重要的手段，结果往往使企业的利润越来越少，很多企业面临亏损。于是，大家都开始想到了控制成本，在市场经济激烈竞争的今天，每一个企业家都非常明白，在财富创造和财富积累的过程中，控制成本是非常重要的一个环节。但是并不是每个企业家都能够成功地把成本控制在最低和最合理的范围内。在这方面，美国捷蓝航空公司给了我们很多启发。

　　在发生"9·11"恐怖袭击三年后，美国很多大型航空公司依然难以摆脱经营上的困境，但尼勒曼掌舵的捷蓝航空逆流而上：盈利达到1亿美元、平均满座率达86%、被评为服务素质最好的美国航空公司。如此表现，在美国航空业创下一个惊人奇迹。

　　在美国西部各航空公司的票价中，捷蓝的票价比大型航空公司低75%，甚至比素以低价优质著称的西南航空公司还要低。而捷蓝的成功主要在于它将运营成本降到了最低，在每一个环节都决不浪费。

　　为了降低成本，在建设基础设施和订票系统方面，捷蓝的想法是设法使开支低于航空业一般水平。

比如说订票系统，捷蓝航空公司在盐湖城设有700人的预订中心，但是所有销售员都在家办公，一台电脑、两条电话线、一部对讲机，办公地点为员工的家，这便是捷蓝的销售网点。捷蓝此举，既可很容易地扩大销售网络，又可减少租赁办公室的开支，同时也使员工与顾客的关系更为亲密。

对IT技术的应用远不止于此。传统航空公司的机票只有10%是通过互联网售出的，但是网上订票在捷蓝航空公司所占的比例超过了50%，这大大降低了销售成本。

灵活运用IT技术也是捷蓝把握成本的关键因素。尼勒曼采取无纸化操作，使乘客非常方便地获得机票；运用一体化的预定和统计技术，让座位安排更顺畅。这些措施既方便乘客又能节省开支。

同时，捷蓝取消了头等舱，让每个座位都更宽敞更舒适，令乘客受到一视同仁的待遇。节约下的资金被用来安装顾客需要的设备，捷蓝航班上的每个座位都配有卫星电视。捷蓝的低价位策略赢得了顾客，也使得自己声名大振。

决定航空公司成败的主要因素之一是飞机在空中的飞行时间。这其中一个大障碍是航空维护人员的大量的纸面工作，这固然是为了保障飞机的正常维修和安全飞行，但无论如何总是巨大的障碍。捷蓝的解决方法是构建一个系统，使机械师可以在线做报表。这使得纸质方式不可避免的错误大大减少。

由于航线安排密集，捷蓝的飞机利用效率在所有航空公司中是最高的。同样一架飞机，在捷蓝每天可以飞行12小时，而在美联航、美国航空公司和美洲航空公司只能飞9小时，另一个实现盈利的西南航空公司的飞机每天飞行时间则为11小时。

由于机队飞机有限，班次一定要频密。捷蓝认为，理想的停机时间不能超过35分钟，即乘客8分钟内全部落机，清洁5分钟，下一班机乘客登机20分钟。此外，捷蓝的飞机上座率平均达到80%以上，而一些大型航空公司则徘徊在60%左右。

捷蓝目前拥有的飞机是全新的空中客车A320型。全新的飞机不仅能够吸引乘客，飞行更安全，而且维护费用也要比老飞机低四分之一以上。由于机种单一，捷蓝的地勤、技术人员的培训成本也由此下降。与西南航空公司一样，捷蓝的飞机在飞行途中不提供正餐，只提供饮料和零食。这一政策一年替捷蓝省下了1500万美元。

对低成本的肆意追逐，使得捷蓝航空公司能够在价格上取得优势。据相关数据，其每英里每乘客成本为6.08美分，是美国所有航空公司中的最低成本。专家分析说，这足以支撑其低价策略。

与美国其他大的航空公司相比较，捷蓝公司有五个经营特色：一是低价吸引客户；二是日飞行12小时；三是新机型无午餐；四是奉行节俭原则；五是服务更为完善。而这五个特色的背后，有四个与控制成本有关。

我们知道，任何一个商品或一项服务，它的价值构成都是$c+v+m$。c是指不变资本，对航空公司来说，就是指购买的飞机和使公司运营的固定资产，如大楼、办公室、办公设备等；v是指可变资本，指雇佣飞行员、技师和空中小姐的费用；m是指新增加的价值，也可以说是扣除成本后的盈利。按照投入产出的概念，$c+v$是投入部分，m是产出部分，$c+v$可作为分母，m是分子，分子越大，分母越小，投入产出效益就越好；反之，投入产出效益就越差。从上面的案例中，不难发现捷蓝公司五个经营特色中，有四个是与控制成本有关，而这正是它在竞争中取胜的重要法宝。

任何一个企业控制成本都是必要的，但任何成本都有一个下限，这个下限就是它的合理水平，保持在这个水平上，企业才能以最小的投入得到最大的产出。低于这个水平是违反客观规律的，但高于这个水平，又会直接影响企业的经济效益。企业要想削减自己的成本，必须在每一个环节上下功夫。

第八章 精兵简政，构建高效率的组织

　　如果节俭只是停留在规章制度上，而不能变成员工具体的行动，那么节俭就永远只是一句口号。如果节俭只被企业管理者重视而不能变成全体员工的共同行动，那么效率就必然会居下不上。只有精兵简政，企业的效益才会逐日提高，市场的雪球才会越滚越大。

1. 用最少的人做最多的事

组织机构对于企业来说，就犹如鞋对于人，小脚穿大鞋，不论怎么跑都跑不快；大脚穿小鞋，跑的过程中一定有些疼。因此企业需要对机构进行撤销归并，适当精兵简政。在机构消肿中，要划分各级职务，明确权责，互不重复，再据此配备职员，挑选胜任的员工，以提高组织机构效率。

消极怠工，人浮于事，类似这样的情形在很多企业里都有发生。很多企业在成立之初，创业团队充满激情，以灵活的沟通和协调保证了对市场变化的敏感洞察和快速反应。在这个阶段，企业往往能够以很少的投入，获得丰厚的回报。可是随着企业规模的扩大，管理者发现企业不再具备以前的高效率。决策制定非常缓慢，难以适应市场的变化，各部门在执行的时候相互之间难以配合，一旦出了问题又互相推诿。在这个时候，企业的领导者应该考虑一下企业是否患上了"大企业病"。

"大企业病"的一个重要症状就是"肥胖"。不合理的结构设置形成了大量的部门，部门之间业务范围交叉，权力责任分配不清晰，部门之间信息难以沟通，协调困难。机构臃肿的并发症就是人员冗余，管理人员数量众多却责任不清，普通员工士气低落，应付差使。

过多的组织和人员加重了企业的负担，其主要表现在：一是机构设置过多，分工过细；二是人员过多，严重超出实际需要。这种状况使企业难以摆脱多头管理、办事环节多、手续繁杂的困境，难以随市场需要随时调整经营计划和策略，从而使企业难以培养真正的竞争力。

要想铲除机构臃肿的现象，必须精兵简政，寻找最佳的人员规模与组织规模。这样的话才能构建高效精干、成本合理的经营管理团队。

企业战略决定企业的结构。企业组织模式的变革是技术革命特别是信息化、网络化的必然结果，同时也是企业战略目标调整的要求。在当今科技日新月异、竞争日益激烈的环境中，企业惟有保持高度弹性、充满创新与活力，才能在市场上继续生存。从这个意义上说，企业最大的问题不在于外部环境的变化，而在于企业自身能否根据这种变化采取相应的变革行动。

1981年4月1日，韦尔奇出任通用电气公司第8任董事长。当时从表面上看，它是个总资产250亿美元的大公司，年利润额为15亿美元，拥有404000名雇员。它的财务状况是3A级的最高标准。通用电器公司包括350家企业，经营领域涉及电机、家电、医疗器械、照明、广播、信息服务、银行等等。它的产品和服务渗透到国民生产总值的方方面面：从烤面包到发电机厂，几乎无所不包。员工们自豪地把通用电器公司形容成一个"超级油轮"——硕壮无比而又稳稳当当地航行在水面上。

而实际的情况是，通用内部拥有太多的管理层级，它已经变成一个正规而又庞大的官僚机构。

通用在全国设有8个地区副总裁或称"用户关系"副总裁，但这8个副总裁对销售并不直接负责。通用当时的管理机构形成的官僚体制是非常庞大的。

韦尔奇上任伊始，便开始进行了大刀阔斧的改革。在这项浩大的组织变革中，韦尔奇受到了来自公司内外的阻力，反对的声音不绝于耳。但是韦尔奇按着既定的目标，力排众议，坚持走了过来。

整个20世纪80年代中，通用电气都在逐步地精简管理的层级，拆掉各个部门间的高墙，并且精简人事尤其是那些检查员和吃闲饭的人。1985年，韦尔奇展开了经济学者约瑟夫·熊彼得所提倡的"创意解构"策略，将其官僚层级从原本的29个减为6个。当韦尔奇完成这项改造计划时，最上级的管理层位于中央，而公司里的其他部门则如轮辐一般地向四方散射，就像一个车轮子。

单是精简管理阶层和某些事业单位这一工作，就省下了4000万元的开销。但这只是当中一点点的红利而已，因为一旦这些单位中的那些抑制因素、价值观与壁垒全都除去以后，所有的才干和精力都会在刹那间倾流出来。在过去几年中通用电器公司里所发生的每一件好事，都是因为某些个人、团队或事业单位的解放所产生的。

通用公司改革的另一重大措施是大幅裁员。在韦尔奇就任后的5年内，总共裁减了13万名员工，大约占通用公司原来聘用人数的35%，裁员的幅度甚至超过20世纪20～30年代经济大萧条时期。

原先通用的财务部门拥有1.2万名员工，机构极其庞大，而且本身也已经成为官僚作风的保护层。当时，仅一项经营分析就耗资6500万到7500万美元。韦尔奇委任的丹尼斯·戴默曼在担任财务总监的前4年，就把财务部门的职员砍掉了一半，将通用公司在美国的150个工资支付系统进行了合并。这样，从根本上改革了财务管理制度。过去，财务体系所处理的，近90%为单纯的财务记录，只有10%是总体管理；现在则近一半的内容是放在管理和指导上。

从雇员规模看来，通用缩水了。但是在员工大量减少的同时，通用的收入和盈余却显著增加。20年中，通用公司雇员从40万减少到29.3万，而销售额和利润却分别增长了5倍和9倍。

组织问题越来越成为影响企业发展的关键性因素，越来越成为企业发展的瓶颈。很多企业的组织都与公司的发展不相匹配，从而带来企业领导的管理苦恼。建立适合公司发展需要的健康的组织结构，提高公司的营运效率，是当前企业应当关注的问题。

2. 打破组织的藩篱，资源共享

公司的业务发展越快，因为组织机构臃肿而导致的沟通不力越明显，没有及时准确的沟通，企业就会陷入创新不力、管理低效、凝聚力下降等一系列成长的困境中，大量的资源因此被浪费，企业的运营成本因此而提高。更严重的是企业的战略目标难以实现，甚至还会失去原有的竞争优势。企业内部各部门之间的合作障碍是目前所有企业都必须面对的管理难题。从某种程度上说，哪个企业内部部门间的协调更科学、更流畅，哪个企业就更加具有竞争优势。

随着越来越多的企业加入到全球化经营的队伍中，各个企业所经营的业务种类也越来越多，范围越来越广，因此企业的组织结构往往也越来越复杂。特别是对于那些业务跨越多个行业的企业来说，由于各个业务部门之间的业务各有不同，企业常常会陷入因组织机构过于庞大而沟通不畅的苦恼中。

在不考虑人员素质影响的条件下，部门功能的错位或者异位应当是造成部门沟通障碍的最主要的因素。部门功能的错位或者异位的具体表现有：

①部门业务圈的非正常扩大。例如财务部人员依据自己的判断，而非销售部门的要求，决定折扣发放的频率以及时间。

②部门关注圈的非正常扩大。例如，财务部主管以本人的营销知识为依据审批营销计划，而非从成本利润的角度。

部门功能的错位或者异位是几乎所有企业都或多或少存在的一种普遍现象，造成这种现象的最主要原因是部门本位主义和部门主管扩大影响圈的个人偏好。这种现象会随着公司发展速度的不断加快而愈演愈烈，成为阻碍企业前进的巨大障碍。

在20世纪90年代中期，壳牌石油公司面临一个新的机遇，就是在深海里发现了油田，从而增加了公司的产油潜力。但公司同时也碰到了一个挑战，就是过去从未在深海区进行过石油开采，而且公司现有的生产、勘探方法与技术不能用于深海作业。为了获得高额的收益，公司进行了不懈的努力。

一开始，公司成立了与企业内部其他部门平行的深海作业部。该部由两个次级单位组成：勘探处与开采处。每个处又由若干功能各异的科组成。但是，在开始运作之后公司发现，由于各个部门的职能不同，两个作业部之间的交流受到了很大限制，下属组织间的交流非常少，而且效率低下。

为了加强部门间的沟通，促进知识的共享，加快创新速度，壳牌公司宣布了重组计划，将深海作业部分成三个处，这些处是根据油气资源所在的地理位置而形成的，因此又称为资源处。公司成立了交叉功能科来促进各处间的交流。三个资源处内均由各种学科的人员组成，既有地质学家又有采油工程师。各个资源处的人员都可以向负责整个项目的项目经理汇报项目进展情况。

此时，领导者意识到，公司只有进行企业组织机构的调整，才能获得新的发展。

随着项目的进展，公司还对员工的层次和成分进行了相应的改变，不断地根据需要增加和减少专业技术人员。这种在组织机构和管理制度上的改变，立即带来了员工工作和交流方式的变化。作为某一资源处的成员，员工对于各个工作程序的进展和相互影响都很清楚。更重要的是，由于知识的及时交流和共享，创新的思维更容易在不同的学科间传播。

在随后的时间里，为了进一步扩大知识的共享和交流，公司还成立了知识共享社区，使得知识的共享不会出现断断续续或是难以形成体系。

针对原来组织机构的弱点，公司将管理层中过多的层次统统砍掉，并集中所有资源进行专业化技术研究。经过组织机构的变革，公司最终形成了只有决策、管理和执行三个层次的"三层结构制"，把一个集团化的庞大组织变成了一个简单而便于沟通的结构。这样，企业对市场的反应能力得到了大大加强。

通过上述两个步骤的知识共享体系设立，壳牌实现了两个成果：有效地降低了成本和提高了石油开采的准确率与质量。例如：在化学分析方面，公司使某个勘探区内的研究成本下降了60%。

壳牌公司采用了一个简单而又常用的方法来促进部门间的沟通和知识的传递与共享，这种组织结构方法已被证明是实现功能交叉的协作时最有价值的方法。公司的实践也证明，部门间的知识共享的体系必须根据企业的发展而不断进行调整。

目前，该公司实行的是董事会领导下的总经理负责制，下设八大条线划分的八大副总，分管生产、技术质量项目、行政、外贸、内贸、策划、市场研究、供应等各个领域。经过组织结构的变革，企业内各位副总的管理面显然得到了拓宽，各基层的工作也能一步到位，实现准确沟通。以前那种层层上报、层层审批的模式已被彻底废除。

企业内部组织间的有效的协作沟通是战略得以实施的保证，如果没有一个有利于信息交流和反馈的组织结构，企业设计出再好的战略也无济于事。而一旦沟通协作不好，就可能出现扯皮、推诿的现象。企业要在竞争中做出及时而正确的反应，就必须进行组织内部的深层次改革。不仅要发挥各个业务部门的自主性，同时也需要建立起有效促进横向沟通的机制，使公司能够充分发挥自主激励机制与共享机制的长处。这样的组织结构才能为企业创造不断发展的潜力。

其实，在知识经济占主导地位的今天，部门间能够有效地沟通，建立起知识共享体系，对于企业的创新意义也非比寻常。单兵作战的业务部门固然能够通过有效激励激发员工的创新意识，而通过知识共享所产生的创新火花也能为企业带来意想不到的收获。而这正是企业的发展潜力之所在。

3. 给企业一双合适的鞋

在企业组织结构中,人与人之间的合作既可以带来效率,也可能带来费用;同样,人与人之间的竞争或不合作,也会带来效率及费用。对企业来说,必须设计出一种科学的组织机构,让员工能够充分发挥自己的能力,高效率地完成工作,从而节省企业的支出。

"组织"有着极其广泛的涵义。古人云:"树桑麻,有组织。"所谓"组织",在汉语里最初的意思是指把丝麻编结成布的意思。英文的组织一词"Organizaion",则是从"Organ"(器官)一词引申而来,实际上是向人们说明,生物这个有机体是由一个个器官组织而成的。古代的种种说法正是对组织结构的形象比喻,而"由器官组成的机体"的说法则向人们作出了"由人们所组成的团体和组织也是一个有机体"的深刻启示。

然而,"组织"在这里并不如人们日常所理解的那样,仅指一些已有的社会团体或机构,如企业、学校等,更是指一种管理职能或管理工作的内容。任何社会团体或社会机构,都必须经过组织工作,将每个团体中的人安排到特定的工作岗位上,或者说建立起一个职务系统,才能使该团体成为一个有机体。

就企业的组织结构的内容来讲,其设计内容主要包括:第一,企业应该设置什么样的组织机构;第二,各组织机构之间应该是一种什么样的关系。第三,组织内部人员的职责权限。

就如一个球队包括领队、前锋、中锋、后卫、守门员等职位,一个企业包括厂长、车间主任、各个部门负责人及工作小组负责人等职位，不是大家随意地聚到一起，不分主次高低随意拼合的团体。没有整体性，也就没有工作效率。这种有意形成的职务系统被称为组织结构。

组织结构设计就是要明确谁应该做什么，谁要对什么结果负责，要能够消除由于分工不清而导致的执行中的障碍，并能提供信息沟通网络，以支持团体的共同目标和决策。如果公司组织设计不规范，在运行中出现这样或那样的问题，那么企业的组织机构，尤其是高层的组织机构在组合程序上混乱，低效就成了无法避免的事情了。

荷兰飞利浦公司是一家以生产家用电器而闻名于世的大公司，早在20世纪五六十年代，飞利浦的生意就做得十分红火，灯泡和电视的销售量让公司赚足了钱。但飞利浦公司的决策者们并没有因此就忘乎所以，他们的头脑十分冷静。他们敏感地意识到二战之后的个人消费浪潮即将过去，代之而来的将是各类企业的复兴。

于是，他们决定转向开发企业办公用电器，也就是所谓的"职业产品"。飞利浦公司的重要举措之一便是投入巨资开发系列电脑。

由于依托着飞利浦公司强有力的技术力量和雄厚的资金实力，前期的研制非常顺利，他们生产出来的新型电脑足以与其他公司的产品相媲美。但是，好东西是否就一定好卖呢？在这之前，飞利浦公司为了突破各国的关税壁垒，采用了"化整为零，各自为战"的经营机制。他们在全球六十多个国家设有一百多家生产厂，这些分厂生产的飞利浦家用电器毫不费力地就在当地的市场消化掉了，这让飞利浦公司尝到了甜头，但同时也因为摊子铺得太大，给飞利浦公司拖上了一条又大又长的"尾巴"。

由于各分厂生产的相对自主性和独立性，销售网络也就完全掌握在了分厂的手里。当他们接到总部的通知，要求他们推销不是由他们分厂生产的大型电脑时，他们都对此表现得毫无兴趣。一来这种大型电脑数量不多，二来价格昂贵，雇佣、培训推销和维修人员不仅费用高，而且很费事，远不如推销分厂自己生产的家用电器轻车熟路。由于管理上出现了问题，公司总部的正确决策得不到有力的贯彻，形成了令不行、禁不止的局面。飞利浦公司采取了很多措施试图改变这一局面，但始终没能收到满意的效果。最后，飞利浦公司决定将部分分厂合并，以便开发和生产类似于商用电脑的这种大型产品。然而，这一决定因为各分厂的强烈反对和总部的软弱妥协而未能实现。与此同时，随着战后日本经济的飞速发展，大量质优价廉的电器产品猛烈地冲击着飞利浦的市场，使得飞利浦公司在几次价格大战中接连惨败。

飞利浦公司关于开发大型企业办公用产品的计划也因受到分厂的抵制而宣告流产。

飞利浦的电器世界闻名，但正是因为组织的庞大，它虽然有了营销渠道却也导致了结构的松散，出现了尾大不掉的局面。

企业越是庞大，组织机构便越为复杂。这也就越容易导致管理者的失职。上层管理到基层管理的环节因企业规模的影响而增多，管理链拉长，来自核心层的指令传达到其他层次的速度就会减慢，甚至被遗漏、走样或扭曲；同样，从下层管理部门向核心层反馈信息的速度也会减慢，被遗漏、走样或扭曲，尤其是当高层管理机构与下层管理组织的目标不相一致时，下层还可能故意歪曲高层管理的意图，或向高层管理提供不真实的信息，这便是导致企业危机的重要原因。

组织结构不仅是企业实现战略目标和构造核心竞争力的载体，也是企业员工发挥各自优势获得自身发展的平台，是每个员工都必须考虑的问题。

在设计企业的组织机构的时候，不能忽略的一点是，必须明确岗位职责和权力，让每个职位上的人明白自己该做什么，承担什么样的责任，不至于有了问题找不到人，出现了问题无人负责的情形。

因此，在企业的制度安排中，职位的设计是一个很重要的问题。企业必须通过组织设计建立一个适于组织成员相互合作、发挥各自才能的良好环境，从而消除由于工作或职责方面所引起的各种冲突。

为了使员工能够有效地工作，企业必须设计和维持一种组织结构，

管理决定未来

它包括组织机构、职务系统和相互关系。具体地说,就是要把为达到组织目标而必须从事的各项工作当成活动进行分类组合,划分出若干部门,根据管理宽度原理,划分出若干管理层次,并把监督每一类工作或活动所必需的职权授予各层次、各部门的主管人员,以及规定上下左右的协调关系。同时尽量把任务目标具体化,让领导和员工对目标都有清晰的认识。对员工来说,这既是一种监督,也是一种引导,对整体目标得以正确实现并达到预期效果有百益而无一害。

此外,还需要根据组织内外诸要素的变化,不断地对组织结构作出调整和变革,以确保组织目标的实现。

4. 扁平化组织促进创新和企业发展

在现代企业中，建立业务部门之间的横向有效关联能实现精简机构，降低成本，发挥企业整体竞争优势的效果。因此，建立起有效沟通的横向组织结构对于企业至关重要。

"天涯何处无芳草，何必单恋一枝花。"这句本来是劝诫单恋者的话，如今似乎也成为众多企业所推崇的"时尚战略"。正如我们常常看到的，中国的企业家似乎大都有着多元化的情结，一待自己的企业发展到了一定的规模，就会心里痒痒的想谋划着尝试多元化道路，特别是在通用电气的杰克·韦尔奇成为上世纪90年代的传奇CEO之后，多元化的热潮长久席卷在众多中国企业家的心头。

在企业日益重视多元化经营的今天，强调拓展业务范围、实施全球化的经营战略已经成为大多数企业寻找新的发展空间、创造新竞争力的重要手段。

很多企业的领导者都在强调"不能只认准一条路走到黑"，"单向发展只会使自己的竞争优势和独特定位在竞争者的模仿超越中丧失殆尽"，企业都在寻求增加自己的业务部门。但是随着企业业务范围不断增加，业务部门迅速增多，管理者又面临着新的问题，各个不同的业务部门之间如何合理地保持既有利于部门自身发展，又有利于公司整体发展的竞争优势？企业在发展中决定实施多元化战略，就意味着企业将要重新调整拥有的资源，对企业的组织构架重新调整，必须采取机动灵活的组织结构来同时满足不同的战略要求。

怎样才能构建一个合理的组织架构，使各个业务部门能够资源共享，充分发挥各自的优势和团体的力量？传统的金字塔形组织结构能否适应不断增加的业务发展需求？

对于任何多元化经营的企业而言，其战略都是多层次、多角度的，既要兼顾各个不同业务部门的个体发展战略，又要体现企业的总体发展战略。对于整个企业来说，在设计组织机构时要考虑的是：企业应该进入哪个行业竞争，管理部门应该如何有效管理旗下的各个业务部门。

显然，企业的领导者在设计组织结构时，完全采用过去传统企业那种垂直式金字塔形纵向组织结构，并不能适应多个业务部门平行并列发展的局面。一方面，由于高度集中式的管理，各个业务部门缺乏自主性和积极性，企业将会逐步丧失创新的活力；另一方面，位于最下面一层的业务部门之间由于缺乏必要的沟通，既不能分享宝贵的市场信息，也无法实现高效率的资源共享和相互促进，企业现有的竞争优势难以维持。尤其是当位于中间的管理层同时面对多个业务部门时，组织内部很容易出现混乱局面。信息无法准确沟通，领导者的战略不能及时传递，组织结构的弊病将会直接阻碍企业的战略实施。

企业内部各业务部门的有效沟通与联合合作取决于横向措施的有效实施。将业务部门无序地堆砌在一起并不能保证业务部门能共同创造巨大的合力，推动企业发展。

要想获得各业务部门之间的有效沟通和优势互补，就必须改变过去那种垂直的组织结构，建立起横向组织，也就是通常所说的扁平型组织。这一点很容易理解，完全纵向型组织的信息传递是单向的，无论是领导者传递指令还是员工的信息反馈，都必须通过中间的管理层来传递，不仅效率不高，往往还会出现沟通不力的情况。

而扁平式的横向组织结构则相对灵活得多，各个业务部门可以直接面对市场，充分考虑客户的需求，采取积极措施应对。

由于管理层的缩减，业务部门不再需要面对多级管理者，并且拥有较大的自主权，既能实现对各个业务部门的有效激励，也利于企业战略的及时准确传递。尤其值得一提的是，在横向组织中，位于各个业务部门之上的横向系统，如共享的规划部门、财务机构，还可以保证业务部门间的有效沟通。

美国运通公司以金融服务战略为主题，采取横向措施来协调各业务部门，并强调公司的同一性和整体性。在公司内部，经理们交叉任职，建立了一个协调小组来管理各个业务部门的财务。公司在经理会上还强调了跨单元之间的统一性。NEC公司也在其经营的相关业务中通过横向措施来获取关联，公司从事的半导体、电信、计算机和家用电器业务共享了包括研究与开发试验室、销售队伍、工厂和销售渠道在内的各种资源。实践证明，能够成功获取关联的公司并不一定要具有很大的规模，但往往能通过有效的独特定位获得竞争优势。

惠普公司是美国硅谷最早的创业公司之一，也是世界上主要的计算机设计和制造商，在激光打印机和喷墨打印机设计生产方面居世界领先地位。自20世纪90年代以来，公司一直保持了高速的增长势头。

公司之所以发展迅速，一个重要原因就是在技术创新方面一直居于领先地位。而惠普的技术创新很大程度上应该归功于企业良好的内部环境，也就是合理的组织结构。

惠普的企业文化核心之一，就是"鼓励灵活性和创新精神"，而惠普的横向组织结构为员工们充分发挥创新精神提供了有力的保证。

在公司发展过程中，惠普开始是采取分权的横向组织结构，并获得了很快的发展。分权的横向组织结构是，企业组织按产品划分为17个大类，每个产品部门都有一个属于自己的研究开发部，各个产品部门拥有独立运作的自主权。这种组织模式在惠普发展过程中一度发挥了重要作用，使产品创新速度得到提高。

但随着企业不断发展，这种组织结构形式也造成各部门各自争取顾客，从而使顾客无所适从，同时还浪费了公司的资源，使整体战略定位变得模糊。

例如，惠普早在 Netscape 公司推出网络浏览器的前两年就已经研发出了浏览器，但这个产品却埋没牺牲在惠普极其分权、并且各业务部门相互分离的组织结构下。

针对这种状况，惠普提出全面客户服务模式，将所有的组织重组，把条块打散，把众多的部门重新整合在一起，按照客户种类和需求进行划分。重组后的组织结构中研发部门分为三个大的部门，分别是与计算机和计算机设备相关的计算系统部、与图像处理及打印相关的图像及打印系统部、与信息终端有关的消费电子产品部。由于重新划分的组织结构中，很多可以技术共享的业务部门间实现了资源共享，技术力量因为集中而得以加强，横向组织内部由于建立了有效的横向系统而实现了紧密联系，优势倍增。

这样的组织变革不仅使惠普内部现有的技术资源优势得到充分的发挥，使技术创新更加高速、高效，也促进了各个业务部门之间的沟通和联系，实现了创新活动从创意到技术开发、产品研制、生产制造、市场营销与服务的一体化，使惠普公司有效地维护了公司的竞争优势。

在新的经济时代，面对不断变化的外部环境，高耸型、多层次的企业组织已无法应对快速变化，只有通过减少管理层次，压缩职能机构，建立一种紧凑而富有弹性的新型扁平化组织，才能加快决策速度，提高企业对市场的快速反应能力，促进组织内部的全方位运转。

第九章　培养节俭的企业文化

　　一个优秀的企业必然要有一种优秀的企业文化，而拥有优秀的企业文化才会成就一个成功的企业。开源节流是企业管理中永恒的主题，也是每位管理者及员工都要关注并且努力去实现的目标。因此，厉行节俭应该作为企业文化建设的一个至关重要的方面。

1. 节俭是企业和员工共同的选择

企业与员工事实上结成了利益上的共同体。只有企业获利，员工才会最终获利；也只有员工获利，企业才可能实现可持续的发展，节俭是员工和企业的双赢。对于企业来说，节俭可以有效地降低企业的成本，增强产品的市场竞争能力，提高企业的盈利空间，增强应对市场变化的能力。提倡节俭意识，还有助于逐步形成勤俭持家、注重节约的企业文化，使之成为员工的自觉行动。

现在很多企业中普遍存在这样一个现象，有些员工总是认为钱是企业的，浪费的是企业的资源，反正有企业"买单"，即使节省下来也装不到自己的腰包里，何必节俭呢？对于节俭总是抱着一种怀疑、无所谓的态度，平时在工作当中总是大手大脚的，随意地浪费原料、办公用品等，严重损害了企业的利益，造成了极大的浪费。

这种想法，一方面说明这些员工缺乏责任感，持有这种态度的员工，不会是一名好的员工；从另一方面来说，这些员工并没有真正地理解节俭对于自己的意义。

提倡勤俭节约，不仅对于企业有好处，更会惠及员工自身的利益。如果每一名员工都能够自觉地进行节俭，为企业创造价值和效益，使企业的效益更好，企业就更有能力给予员工相应的回报和鼓励，使员工也能够得到更大的利益。

在IT巨人思科公司，员工节俭已经成为一种习惯，他们想方设法为企业节俭。思科所有员工出差，一律坐经济舱。为什么思科的员工都能够自觉地进行节俭呢？能够通过节俭使企业和员工都获得更大的利益是他们节俭的动力所在。

2004年，思科通过各种手段降低的开支高达19.4亿美元。思科三万多名员工，个个都有公司股份，公司"抠"出效益，大家都受益。思科公司实行的是全员期权方案，员工的待遇就是工资加股权，公司全员享有期权，40%的期权在普通员工手中，一个思科普通员工只要干满12个月，在股权上的平均收益是3万美元。此外，公司还把节俭剩下来的资金用于员工的培训，使员工的工作能力得到提高。思科公司曾经投入上百万美元进行员工培训，得以在行业好转的时候迅速拉开和竞争对手的差距。公司曾经聘请在好莱坞工作过的导演给员工做沟通方面的培训，12人的课程培训了3天，每人5000美元的费用。这些都是很好的例证。

节俭给思科的员工带来了切实的好处，使得思科公司的员工工资要高于业界的平均水平。用员工自己的话说，虽然不是最高的，但也是在工资水准的前三分之一的梯队之中。

勤俭节约的良好风气，对于企业与员工都很有好处，所以，每一名员工都应该以勤俭节约为荣、以铺张浪费为耻，克服"家大业大，浪费点儿无所谓"的错误思想，克服大手大脚、挥霍浪费以及奢侈享乐的行为。将节约当作自己的自觉行动，杜绝浪费行为，为企业降本增效出谋划策。这些看似微小的事，都是对企业、对自己的一种负责的态度。每一名员工都应该加强节约意识，并将其转化成自觉行动，聚沙成塔，集腋成裘，企业这台大机器的运作效率才会越来越好。

浪费的问题，说到底是一个责任心的问题。员工与企业之间存在着一种非常重要的关系——责任关系。一方面，企业以责任的形式，向个体提出各种要求；另一方面，个体在承受了企业的责任要求以后，形成个体的责任心，在责任心的驱使下，履行企业赋予自身的责任，最终形成责任行为。因此，员工的责任心是企业能否正常运作的基本保证。

管理决定未来

在许多达到一定规模的企业中往往存在这样一些情况：企业的老总老是在抱怨员工工作责任心不强，办事一点儿也不积极，上级不安排工作就坐等，上级不指示就不执行，上级不询问就不汇报，上级不检查就拖着办；等待下级的汇报，任务虽已布置，但是没有检查，没有监督。不主动去深入实际调查研究，掌握第一手资料，只是被动地听下级的汇报，没有核实，然后作决定或向上级汇报，瞒天过海没有可信度，出了问题，责任往自己的下级身上一推六二五。

人们还经常见到这样的员工——电话铃声持续地响起，他充耳不闻，仍然慢条斯理地处理自己的事，更有严重的是屋子里的投诉的电话铃声此起彼伏，可他就是不接听。问之，则曰："还没到上班时间。"其实，离上班时间仅差一两分钟而已。一些客户服务部门的员工讲述自己秘密："五点下班得赶紧跑，要是慢了，遇到顾客投诉就麻烦了，还会耽误回家。即使有电话也不要轻易接，接了就很可能成了烫手的山芋。"

这些问题看起来是微不足道的小事，但恰恰反映了员工的责任心。正是这些体现员工责任心的细小之事，关系着企业的信誉、信用、效益、发展，甚至生存。

1998年4月，海尔在全集团范围内掀起了向住宅设施事业部卫浴分厂厂长魏小娥学习的活动，学习她"认真做好每一件看似微不足道的事情的精神"。

为了发展海尔整体卫浴设施的生产，1997年8月，33岁的魏小娥被派往日本，学习掌握世界最先进的整体卫生间生产技术。在学习期间，魏小娥注意到，日本人试模期废品率一般都在30%～60%，设备调试正常后，废品率为2%。

"为什么不把合格率提高到100%？"魏小娥问日本的技术人员。

"100%？你觉得可能吗？"日本人反问。从对话中，魏小娥意识到，不是日本人能力不行，而是思想上的桎梏使他们停滞于2%。作为海尔人，魏小娥的标准是100%，即"要么不干，要干就要争第一"。她拼命地利用每一分每一秒的时间学习，三周后，她带着先进的技术知识和赶超日本人的信念回到了海尔。

时隔半年，日本模具专家宫川先生来华访问，见到了"徒弟"魏小娥，她此时已是卫浴分厂的厂长。面对着一尘不染的生产现场、操作熟练的员工和100%合格的产品，他惊呆了，反过来向徒弟请教几个问题：

"有几个问题曾使我绞尽脑汁地想办法解决，但最终没有成功。日本卫浴产品的现场脏乱不堪，我们一直想做得更好一些，但难度太大了。你们是怎么做到现场清洁的？100%的合格率是我们连想都不敢想的，对我们来说，2%的废品率、5%的不良品率天经地义，你们又是怎样提高产品合格率的呢？"

"用心。"魏小娥简单的回答让宫川先生大吃一惊。

用心，看似简单，其实不简单。魏小娥在实践中把2%放大成100%去认识，比如她发现，有的产品成型后有不易察觉的黑点，她就马上召集员工研究对策。

有的员工说："这个黑点不仔细看根本看不见，再说，经过修补后完全可以修掉……"

魏小娥说："这些有黑点的产品万一流向市场，就会影响海尔的美誉度，用户都能拿着放大镜、听诊器去买冰箱，也会拿着这些东西来买卫浴设施。所以，既是'白璧'就不能有'微瑕'，产生这个小黑点的原因就是我们的现场还不能做到一尘不染。"

2%的责任得到了100%的落实，2%的可能被杜绝。终于，100%这个被日本人认为是"不可能"的产品合格率，魏小娥做到了，不管是在试模期间，还是设备调试正常后。正是由于海尔人的这种视质量为生命的强烈责任感，为海尔赢得了消费者，赢得了市场。

事实上零缺陷的产品通过人的努力还是可以实现的。而一般情况下之所以达不到，只是人们给自己找借口，是自身的惰性使然。精益求精，严格要求自己，零缺陷的目标就能实现。

如果员工的责任感缺失，那么没有人会关心工作任务的截止时间、产品的质量和企业计划能否获得成功,没有人关心任务的执行情况,而这给企业造成的浪费是很难计算的。

对企业来说,管理和加强员工的责任心是一个不能忽视的问题。一个企业组织运行效率的高低,除了与组织架构、规章制度、激励机制有关之外,还与企业的理念体系及文化建设密切相关。而且理念和文化关系到组织成员的工作态度问题,对企业运行效率的影响也许更大一些。如果一个员工在责任意识上没有达到一定的高度,仅靠机械的架构设置或强制措施的制约,绝不可能达到预想的效果。

公司的每一名员工都是公司整体价值链条中的重要一环,员工对工作要有强烈的责任感,要敢于承担责任,爱岗敬业、恪尽职守。一个没有责任心的人是很难立足于社会的,更不用说成就事业。对于没有责任心、工作挑肥拣瘦,甚至怨天尤人的员工,公司是不会长久聘用的,更不会重用。

许多企业家在管理实践中采取了不少的改进措施,以提高企业的运行效率,比如不断地对企业的组织架构进行调整,引入新的激励机制,出台各种规章制度等。但令人遗憾的是,大多数企业的运行效率并未得到真正的提高,主要的原因在于责任心的缺失。

对企业来说,只有改变每个组织成员的思维习惯,形成明确的个人责任意识,才能改变每个组织成员的行为习惯,形成一个优秀的企业文化,最终可以改造一个企业、改变一个社会。要想让每一名工作人员的责任心都充分体现出来,必须首先让员工学会遵守工作流程,严格按工作标准工作,不违反工作制度,自觉接受组织监管。要做到这一点,必须对员工进行培训、教育。

何为培?培即培土、培养。在树苗四周堆上土叫培,目的有二:一是保护,不被风刮倒;二是保养,添加养料。何为训?就是告诉人们不该做什么。训导,就是告诉人们应该做什么,应该怎么做;训练,就是反复做,把应该做的事情按正确的方法反复演练。训练的目的就是达到熟练掌握和习惯自觉的程度,使工作人员养成按工作流程和标准工作的习惯。

通过培训教育，使员工自觉自愿地反复做正确的事情，把演练和实战相结合，使员工达到对业务流程熟悉的程度，对业务标准形成条件反射的程度，行为达到习惯的程度，达成统一的行为模式和企业氛围，从而提高整个组织的责任心，构建企业的防火墙。只有这样，才能谈得上企业对员工责任心的经营。

第九章 培养节俭的企业文化

2. 让有限的资源获得最大的收益

企业的每项生产经营活动都可以创造价值，而且都必须创造价值，如果每一个经营活动创造的价值都能够达到竞争对手的标准，那么企业就可以形成竞争优势，如果这些优势能够使企业的收入大于其支出，企业就可以盈利。对企业来说，必须充分利用企业的资源，获得超过竞争者的收益，从而形成企业的竞争优势。这就要求企业必须让有限的资源获得最大的收益，避免不必要的浪费。

"不拉马的士兵"这个故事流传已久。一位年轻有为的炮兵军官上任伊始，到下属部队视察操练情况，发现了这样一种情况：在部队操练中，总有一名士兵自始至终站在大炮的炮管下面，纹丝不动。军官不解，究其原因，得到的答案是：操练条例就是这样要求的。军官回去后反复查阅军事文献，终于发现了其中的原因，原来长期以来，炮兵部队仍然把非机械化时代的旧规则作为炮兵的操练条例。以前，站在炮管下面的士兵的任务是负责拉马的缰绳（在那个时代，大炮是由马车运载到前线的），以便在大炮发射后调整由于后坐力产生的距离偏差，减少再次瞄准所需的时间。虽然现在大炮的自动化和机械化程度很高，已经不再需要这样的一个角色了，但是由于没有及时地对操练条例进行调整，因此出现了"不拉马的士兵"。军官的发现使他获得了国防部的嘉奖。

也许有人会不解，这一点发现就可以获得嘉奖，这位军官真是得了个大便宜。其实不然，军队可以因此节省人力，这有利于提高管理效率。而且如果节省的人力在另外的岗位上工作，又可以获得额外的收益。从组织的角度来进一步分析，这实际上是一个组织工作系统的优化过程。"人得其事，事得其人；人尽其才，事尽其功。"在每一个企业中，完善的组织结构设计和合理运作的目标就是这十六字方针。

"不拉马的士兵"存在的原因不外乎两条。第一，当初，企业在设计组织结构的时候，没有坚持因事设岗的原则。设计的一些岗位没有实际的工作，被安排在这些岗位上的员工也没有实际工作。第二，企业所处的外部环境发生了较大的变化，导致企业的工作流程和工作方式发生变化，而企业自身并没有意识到这一点，仍因循原来的模式，结果就出现了众多的"不拉马的士兵"。

"不拉马的士兵"的危害主要在于："不拉马的士兵"直接占用了企业的资源，降低了企业组织的运作效率。

企业的资源总是有限的，目前的情况是绝大多数企业都在想方设法如何用有限的资源实现企业生存和发展的目标，这样的资源损耗日积月累会有溃堤之力。

从更深一层看，"不拉马的士兵"会大大影响企业内部的公平氛围和员工对公平的感觉。这直接影响企业内部的士气和人气，对企业发展的潜在危害是不言而喻的。人是企业最宝贵的资源，没有士气和人气，企业的目标也失去了实现的基础。

所以如何才能使有限的资源获取最大的收益，是每个企业管理者都必须考虑的事。企业的资源包括有形资源、无形资源、人力资源、组织能力等，还有企业在生产经营过程中的各种投入。资源在企业间是不可流动且难以复制的，这些独特的资源与能力是企业获得持久竞争优势的源泉。当一个企业具有独特、不易复制、难以替代的资源时，它就能比其他企业更具有优势。

因此，如何充分运用现有的资源，形成企业的竞争优势，是战略管理的一个重要问题。

柏克德公司(Bechtel)是美国一个具有百年历史的家族企业。自成立至今，已在七大洲 140 个国家和地区从事建筑工程的建设。该公司持续成功的秘诀在于其把知识与经验看作企业的重要资产，投入资金加强管理。

该公司的经理们发现，虽然那些具有多年工程建设工作经验的项目团队积累了相当丰富的专业知识，但是这些知识却处于封闭状态，不为他人所知，利用率自然也很小。所以有必要对企业的这些"复合性知识"进行优化管理。为了最大限度地利用知识资源，柏克德公司采取了以下一些措施：

首先，为了促进复合型知识在公司中的普及，柏克德公司建立了一套基础设施。并且在这个过程中充分地调动项目团队中每一位成员的力量。这种努力提高了公司的服务水平，使遍及世界各地的客户更加满意公司的服务。而且，这种努力使该公司的主要工程项目的收益也大幅度提高。

其次，公司中设立了"知识总裁"和"知识经理"，由他们负责知识管理工作。"知识总裁"和"知识经理"的分工有所不同，"知识总裁"对经验和知识管理进行全权负责，并对知识投入在经营项目中所占的比重高度关注。而"知识经理"则负责公司知识库的某一部分，对这一部分知识进行及时的收集和分发。通过这一安排，公司知识可以在全体员工中得以普及，在一定程度上免除了公司人员培训的负担。

同时，柏克德公司在知识管理中对传递的知识内容与知情范围相当重视。对哪些知识可以传递给哪些人，不可以传递给哪些人都有明确而严格的规定。这一规定保证了每个人总能得到最适合自己的知识，同时也减小了知识泄露的几率。柏克德公司通过知识管理，使知识资源得到充分利用，并获得了最大收益。

有资源不用是一种巨大的浪费，对企业来说，尽可能地让内部的每一种资源都得到最大限度的利用，可以有效地提高效率，获得更大的竞争资本。花同样的钱办更多的事，何乐而不为？

第十章 低成本战略

　　成本是企业经营的主要支出。一旦失控，势必影响到企业整体的效益。降低企业经营成本，首先需要从压缩生产成本抓起，由于生产关联到企业的方方面面和各个环节，所以只有从全员、全过程、全方位加以控制，才能最大限度地实现低成本战略。

1. 只有不断降低成本才会有利润空间

成本不会自动下降，它是企业员工长期艰苦工作和不断追求的结果，具体到每一个企业的成本优势来自于每一项能够创造价值的活动，正是和竞争对手在这些活动上的每一点细微之处，决定了两者之间的成本差异。这些细微的差异何其多，恐怕企业永远也数不完，也挖掘不完。因此，企业永远不应该认为成本已经足够低了。

国内企业素来喜欢"价格战"，喜欢靠低成本制胜，从家电行业的格兰仕、长虹，到手机行业的波导，再到 IT 行业的神舟，而且它们大多乐此不疲。有趣的是，这些近似疯狂的"价格战"在短期内都收到了明显的效果，为企业争得了不少市场份额。这大概是因为国内企业多处于价值链底层，再加上相当一部分企业老板除了价格战这类粗犷的扩张型打法之外，对别的精细化正规战法大多不熟悉。然而，这种"杀敌一千、自损八百"的办法，其效果往往是短暂的，也没有谁能够真正笑到最后。为什么？那是因为企业的成本优势只有具有持久性时才能产生高于平均水平的效益。也就是说，如果企业不能保持长久的成本优势，那么它最多只能和竞争对手保持一样的成本水平。

所谓成本优势，就是要使企业的全部成本低于竞争对手的成本。如果企业能够长时间维持这种优势，那么，成本优势才是有价值的；反之，如果竞争对手能够很轻松地或者不需要付出太大的代价就能够模仿的话，成本优势就不会维持很长时间，也就不能产生有价值的优势。

因此，成本优势的价值取决于这种优势的持久性。例如，沃尔玛凭借其出色的物流配送能力和全球范围的强势采购、高效率的流程管理和直销模式带来成本节约，在市场上频频得手。表面上看来，沃尔玛和戴尔在市场上很风光，挫败了众多的强大对手，但是它们为了持久获取成本优势，付出了不懈的努力。

低成本固然可以为企业带来竞争优势，然而，在一般情况下，企业在成本上的优势是很容易被竞争对手模仿的，从而丧失其作用。

近年来，国内很多企业都认识到成本对于企业获取竞争优势的重要意义，于是纷纷对此表现出很高的重视程度，也确实在改进成本上花了不少的功夫。然而，也有一些企业在进行成本改进的时候，并不是踏踏实实地去执行，而是仅仅停留在空喊口号上，这是没有任何作用的。要知道，那些在成本领先战略上获得成功的企业，它们的成功不是来自一朝一夕的行为，而是来自于它们日复一日地对成本做出不懈的降低。

降低成本不应该是企业的一时兴起而为之，或者是企业为了应付一时的竞争压力而行之，相反，降低成本是一项长期的工程。事实上，世界上没有哪一项重大的成功是在一两天之内完成的，成功的要素在于坚持不懈、厚积薄发。

我们除了在股市、期货等市场上可以看到很多一夜之间暴富的例子以外，企业在日常生产运营过程中，每一项优势都是依靠企业长时间积累得来的。一项技术创新，一个凝聚着企业日复一日的辛勤管理的不懈追求以及强有力打造低成本配件供应与装配运作密不可分。

在印度国内，轻型机车的竞争非常激烈，来自全球各地的大型厂商纷纷在此安营扎寨，其中就包括日本的本田公司和铃木公司。然而，正是在这样恶劣的竞争环境下，印度本土巴贾杰公司却创造了奇迹。

2003年，该公司一共出口15万辆二轮和三轮摩托车，价值1.23亿美元，一举成为印度国内最大的轻型机车制造商。那么是什么原因造就了巴贾杰公司的成功呢？总结起来，只有一点，那就是在降低成本上做出不懈的努力！

巴贾杰是一个家族企业，与竞争对手比起来，它缺少优良的技术资源，公司很清楚地认识到了这一点，于是它将自身的努力方向定位在不断地降低生产成本上，要以成本优势来战胜对手。

然而，道路并不是平坦的，一开始的时候，巴贾杰公司发现无论自己如何努力地控制生产中的成本，提高生产效率，但是取得的成效都非常小。公司于是对此做了很详细的调查，后来它们发现，原来大多数的成本在原材料进工厂大门之前就已经产生了！公司认识到要想进一步降低成本，看来只有从供应商那里下手了。为了从供应商环节节约成本，巴贾杰公司以通用汽车公司为自己的榜样，将美国风格的成本管理方法引入公司内部。

公司所做的第一件事情就是削减供应商的数目。在此之前，与公司有直接交货关系的供应商一共有900多家，这些供应商大多数规模很小，技术水平也很低，缺乏基本的质量控制，这在很大程度上制约了巴贾杰公司的发展。而按照通用汽车公司的模式，80家左右的供应商是比较合适的。于是公司决定将供应商划分为不同的种类，在分类的基础上辨识出最优秀的供应商，借此来减少供应商的数目，剩下来的供应商将获得大量的订单。当然，巴贾杰公司并没有全部照搬通用汽车的模式，在印度有很多因素和美国是不一样的。比如说，劳动力供给问题，还有就是公司系统的问题，这些问题极大地影响物流配送的效率，而公司地址的选择也变得很重要。在这些情况下，仅仅依赖于一家主要的供应商风险是很大的。巴贾杰公司意识到了这一点，并没有一味地追求削减供应商数目。

巴贾杰公司希望通过几年时间的改造，能够有效地控制供应商的数目，但是并不会像通用汽车那样只留下80家左右，公司的计划是留下200家或者更多一点。通过这些动作，公司成功地降低了生产成本，并在产品质量上得到了提升，在市场上也受到越来越多顾客的青睐。当然，这些能否让巴贾杰公司战胜强大的竞争对手还不确定，但是对公司进行有效的管理显然是成功的必备条件。

从巴贾杰公司的案例我们可以看出，一个想要在成本上领先于竞争对手的企业，必须付出不断的努力，孜孜寻求降低成本的途径，只有这样才能在市场上立稳脚跟、战胜竞争对手。

也许很多措施带来的成本降低不是很显著，可是我们同样不可放弃它。事实上，很多时候，正是这些成千上万的小差别累积起来，决定了企业之间的成本差异。我们的企业在学习先进的管理理念上很是卖力，可是谈到执行，恐怕就不是那么到位了。理念是用来指导企业运行的大方向的，而最终决定成败的，则是来自于每一天、每一点的不断改进。成本改进也是一样，莫以事小而不为。

企业实行降低成本举措的时候，一定要把每一项措施彻底贯彻下去，不要觉得只有那些能够显著改变成本水平的举措才是值得去关注的，相反，千千万万的机会还躲在很多角落里等待着我们去挖掘呢。

2. 扩大生产规模，降低固定成本的分摊

规模经济反映的是企业生产某种特定产品中的成本与收益关系，即在生产这种特定产品中，随着资产规模的扩大，单位产品中包含的生产成本、管理成本将逐步降低，从而形成"规模"与"经济"之间的正效应关系。发展规模经济，对企业而言，在单位可变成本不变的条件下，可以由更多的产品来分摊固定总额，从而降低产品的单位成本，为厂商创造更多的利润。

"规模经济"是指，在其他条件不变（如技术、价格、利率、税收等）的场合，随着投入的增加（即资产规模扩大），产出（即收益）以高于投入的比例增加。规模经济形成的主要原因在于成本降低，即在经营规模扩大中，采购成本、生产成本、管理成本、财务成本（主要是利息）、销售成本等并不与经营规模同比例上升，从而产品（或销售收入）成本降低、利润增加，并且降低了自身的风险。

一个企业是否进入到一个新的行业除了考虑自己的条件外，新行业的进入壁垒及新行业内原有企业可能采取的行动都是企业要考虑的问题，特别是该企业进入新行业后预期的投资收益率更是要考虑的因素。与此对应，一个行业内原有企业避免其他企业进入的方法如下：

（1）提高行业的进入壁垒

行业的进入壁垒可以是经济因素，也可能是由于政府的政策。例如，目前中国移动通信领域利润水平很高，目前也有很多公司有实力进入该领域，但由于政府管制其他企业不可能进入该行业，因而形成很高

的进入壁垒，而这一壁垒就是政府的政策而不是完全由于经济因素。

（2）原有企业声称会对新进入者采取报复性行为

如果一个行业原有企业产能很大(相对于需求)，而且有较大生产能力没有充分利用，其他企业进入该行业就会很慎重，因为原有企业很可能首先采取价格战，从而使新进入者根本不可能取得一定的市场份额。

（3）企业主动降低该行业的利润水平

这往往是企业不得已而为之的方法。原有企业会主动降低产品价格，降低该行业的利润水平，使该行业的利润水平低于其他公司要求的回报率，从而使该行业失去对其他公司的吸引力。

规模经济的存在迫使行业新加入者必须以大的生产规模进入，并冒着现有企业强烈反击的风险；或者以小的规模进入，但要长期忍受产品成本高的劣势。

格兰仕企业（集团）公司地处广东省顺德市桂洲镇，其前身桂洲羽绒制品厂是一家乡镇企业。1992年9月，格兰仕微波炉正式投产，到目前为止格兰仕微波炉全球占有率达30%。公司已获ISO9001国际质量体系认证及美国、南非、欧共体等国质量认证。格兰仕电器已覆盖了近70个国家和地区，在全球范围享有极高的声誉。

格兰仕的成功与其"全球制造中心"的模式是分不开的，这一模式使格兰仕很容易地实现了规模经济效益。这一理论被格兰仕自己叫做"拿来主义"。

格兰仕利用自己低成本的竞争压力和其他竞争者之间的竞争压力，迫使外国企业与之达成妥协。例如在微波炉变压器领域，美、欧拥有先进设备，但在成本方面拼不过效率更高的日本人。于是格兰仕向前者提议将其生产线搬到中国，然后以每生产一台变压器返回8美元的方式偿还其设备价值。得手后，格兰仕以如此先进的设备在中国制造微波炉，自然对日本企业形成极大的压力。此时格兰仕又建议日本人将生产线搬到中国，每生产一件产品返还5美元，并获得日本人的采纳。

在设备上没有一分投资，就获得了巨大的生产能力，这种"拿来主义"的成本要比引进成本便宜多了。

格兰仕副总裁俞尧昌说：牌子是你的，你把生产线搬过来，A品牌搬过来，我就帮你生产A，B品牌搬过来，我就帮你生产B，多余的就是格兰仕的。怎么能够多余出生产时间呢？那就是拼工时。在法国，一周只有24小时生产时间，而在格兰仕根据需要三班倒，一天可以24小时连续生产。也就是说，同样一条生产线，在格兰仕干一天相当于在法国做一星期。正是靠这种拿来主义，格兰仕在其产业链上，已与全球200多家企业展开合作，成本一降再降。

也是凭借着这种成本优势，格兰仕自1996年起就一次又一次挥舞着"价格快刀"。格兰仕生产规模每上一个台阶，价格就大幅下调。当规模达到125万台时，它把出厂价定在规模为80万台的企业成本价以下，当规模达到300万台时，出厂价则比200万台企业的成本价还低。凭此，格兰仕把微波炉产业变成了鸡肋产业，使不少竞争对手退出，使更多的想加入者望而却步。

格兰仕总是领先一步登上更大规模的台阶，每当它在新的台阶上获得更大的规模经济后，就及时将价格降到略高于自己的成本，而低于规模不如自己的企业的成本之下。降价压低了行业的平均利润，既会"挤走"一些竞争者，也会"恐吓"潜在进入者，还会逼着现有的竞争者让步，为格兰仕腾出了新的市场空间。格兰仕又可以进一步扩大规模，享有更多的规模经济，如此循环反复。

格兰仕以远高于其销售规模的速度扩张其产能，造成一种供大于求的形势。所有这一切均具有强烈的信号性质，其涵义为：如果谁企图"造反"——无论是已进入者还是潜在的进入者——都将面临格兰仕的严厉报复。这一承诺是可置信的，因为格兰仕享有"价格屠夫"的声誉，而且拥有过剩的产能和规模优势。

当然，除了企业的规模经济外，格兰仕还有销售的规模经济和技术开发的规模经济。微波炉的销量越大，分摊在每一产品上的广告费用、销售成本和技术开发费用就越少。

格兰仕通过上述的组合拳，打出了自己在微波炉行业的垄断地位。格兰仕通过有效防范国内企业(主要通过规模经济)和国外企业(主要通过降低行业投资报酬率)确立自己在微波炉领域的领导地位，保证了自己经营的安全。

发展规模经济不是简单地把企业做大，更不是堆大。发展规模经济，不是低水平产品的简单相加，也不是现有企业的"同类项"合并，而应该是在生产要素合理配置和有效利用基础上的"质"的转换。大并不等于强，但强又基于大。

企业只有达到了一定的经济规模，才能拥有较大的市场份额，降低产品成本，提高盈利能力，抗御市场风浪。发展规模经济不仅要注重扩大经营规模，更应提高经济运行质量和效益，要从过去依靠铺新摊子、上新项目，转到对现有企业挖潜、改造、充实和提高上，应从主要依靠生产要素的扩张，转到依靠技术进步和提高劳动者素质、科技进步在经济增长中的贡献份额上来。衡量一个企业的强弱，既要看经济规模，更要看资产质量、市场份额、研发能力、人才队伍、管理水平、盈利能力和后劲潜力，其中最重要的是技术创新能力和盈利能力。做大要立足于做强，做强才能真正做大。只有把做大与做强很好地统一起来，培育企业规模经济的目标才能实现。

3. 控制原材料采购价格，降低产品的直接成本

　　提高采购系统效率不仅是为了降低成本，更是国际化环境中生存所必需的。采购不再仅仅是一个辅助的职能部门，它已经上升为一个管理职能。采购几乎在每个企业都具有非常重要的战略意义，因为，从原件加工中使用的原材料到专业服务、办公场所和资本物品，企业的每一项价值活动都存在某种形式的外购投入。在采购庞大的制造业，甚至有人认为，"采购是制造业利润的源泉之一"。

　　通用电气公司前 CEO 杰克·韦尔奇说："采购和销售是公司惟一能挣钱的部门，其他任何部门发生的都是管理费用！"事实证明，采购是企业成本控制的首要环节，采购环节节约 1%，企业利润将增加 5%～10%。

　　随着互联网的发展，互联网以其丰富的信息含量、快捷的信息反应为采购管理提供了新的途径。

　　首先，利用互联网可以将采购信息进行整合和处理，统一从供应商订货，以求获得最大批量折扣。

　　其次，利用互联网将生产信息、库存信息和采购系统连接在一起，可以实现实时订购，企业可以根据需要订购，最大限度降低库存，实现"零库存"管理。这样的好处是，一方面减少资金占用和减少仓储成本，另一方面可以避免价格波动对产品的影响。

　　最后，通过互联网实现库存、订购管理的自动化和科学化，最大限度地减少了人为因素的干预，实现较高效率的采购，而且可以节省

大量人力降低成本。

实施电子采购系统是郭士纳拯救陷入困境的 IBM 的重要举措。对于出现巨额亏损的 IBM 来说，在寻求新的发展方向之前，降低成本是当务之急。在清算各种运营成本的过程中，采购成本成为公司的主要检讨目标，因为它已大大影响了 IBM 在快速变革的同行中的竞争地位。

像所有的传统采购方式一样，当时 IBM 的采购可以说是各自为政，重复采购现象非常严重，采购流程各不相同，合同形式也是五花八门。这种采购方式不仅效率低下，而且无法获得大批量采购的价格优势。

成本其实只是问题的一个方面，真正的问题是 IBM 必须利用信息技术的解决方案来提高自身的反应速度，加强其综合竞争能力。

郭士纳表示："一开始，我们就把电子商务定位得很清楚，就是利用互联网提高企业的竞争能力。企业资源规划、客户关系管理和供应链管理是电子商务最基本的应用。"

郭士纳认为，电子交易就是"在网上进行买卖交易"，其内涵是：企业以电子技术为手段，改善经营模式，提高企业运营效率，进而增加企业收入。它将极大地降低企业的经营成本，并能帮助企业与客户以及合作伙伴建立更为密切的合作关系。于是，公司决定通过集成信息技术和其他流程以统一的姿态出现在供应商面前。基于这样一种考虑，IBM 的专用交易平台诞生了。作为拥有 3.3 万个供应商的专用交易平台，其业务可以是简单地开发票或订单，也可以是复杂的产品推介功能。

通过降低管理成本，缩短订单周期，更好地进行业务控制，以及实施电子化采购使其他方面提高效率，IBM 的竞争优势显著提高。IBM 全球服务部门的采购副总裁 William Schaefer 说："自动化采购带来的最基本价值在于：我们可以从耗费大量时间的事务性工作中脱身。以前，采购人员每天需要花大约 5 个小时在电话中回答别人的问题，告诉他们的订单在哪里，为什么没有发货。而现在采购不再是一个服务性的部门。"

从 20 世纪 90 年代中期，IBM 开始其无纸化采购的进程。1998 年，

IBM经过详细的规划,包括重新定义和设计采购流程,推出了电子采购计划。至2001年底,IBM采购量的95%,即400亿美元是通过电子化方式完成的,节省的成本从2000年的3.77亿美元上升到4.05亿美元。在2001年,全球共有33000个供应商通过电子采购的方式与IBM达成交易。

企业在进行采购成本的控制时,实际上要处理的就是与供应商的关系。因此,企业就是要理顺与供应商的关系。所谓理顺与供应商的关系,就是与上游供应商如原材料、能源、零配件、协作厂家建立起长期稳定的亲密合作关系,以便获得廉价、稳定的上游资源,并通过一定措施影响和控制供应商,对竞争者建立起资源性壁垒。对于采购和供应双方来讲,都要考虑成本和利润、长期伙伴和短期买卖关系等问题。好的供应商最终会带来低成本、高质量的产品和服务。

对于沃尔玛来说,宝洁公司是一个十分优秀的供应商,宝洁公司总能在最恰当的时间,把最恰当的产品,以最恰当的量供应给沃尔玛,从而在保证沃尔玛正常销售的同时,加强了沃尔玛低成本的运营优势。

然而,宝洁与沃尔玛这种默契的配合并非一开始就形成的,而是不断磨合的结果。1987年,沃尔玛总裁对宝洁的CEO说:"我们现在的业务合作太复杂和繁琐了。我们需要一种更加方便和快捷的合作方式。"电脑网络共享系统为沃尔玛与宝洁建立一种方便快捷的合作方式提供了基础。信息的交流和互动使得宝洁可以及时了解其产品在沃尔玛所有门店的销售情况和库存状况,然后以此调整生产和供货计划。宝洁的配合,大大降低了沃尔玛的库存水平,进而也就降低了经营成本。在过去的十几年中,宝洁和沃尔玛这两个行业巨人所建立的长期的战略合作伙伴关系,已经成为制造商和零售商关系的标准。

从沃尔玛的成功经验可以看出,企业与供应商关系顺畅与否,直接影响着企业产品的质量、成本与市场竞争力。

第十一章　向管理要效益

　　危机对企业经营的冲击，既是对企业经营能力的一次检测，也是对企业管理弊端、经营漏洞、人员使用缺陷的一次补防机会。危机的冲击，使企业不再是"铁打的营盘"，员工更似"流水的兵"。其实，有战略眼光的企业管理者一定会深知：有人就有一切，留住精兵强将未来的发展就有了资本。作为企业的优秀人才是企业生产的主力，也是企业生存的基础力量，这些人的技能水平、工作效率、服务质量、职业道德，都直接与企业的效益密切挂钩。

1. 合理地搭配人才，"让 1+1 ＞ 2"

　　使用人才，不仅要考虑每个人的才智和能力，更要注重人事上的编组与调配。合理搭配使用人才，不仅能够形成合力，而且还有利于节约，避免人力资源浪费。如果领导者在这一方面认识不清，措施不力，那么即使十分优秀的人才聚在一起，也会造成人才资源的浪费，而且还可能导致"三个和尚没水吃"的后果。

　　人是生产力中的重要因素，所谓得人才者得天下。大到一个国家，小到一个企业。要发展、要兴旺，人才是关键。因此，用好人才尤为重要。用人也是一种经营，经营人才就是要做到人尽其才。因为人才是一种资源，企业就要有效地合理配置与管理。

　　一般所说的因材施用，就是把一个人适当地安排在最合适的位置，使他能完全发挥自己的才能。然而，更进一层地分析，每个人都有长处和短处，所以若想取长补短，就要在分工合作时，考虑双方的优点和缺点，切磋鼓励、同心协力地谋求事情的发展。

　　现在很多公司都拥有一流大学的毕业生，条件应该是得天独厚，但业绩并不如想象中的好，反之只有几个平凡员工的公司有时却干得有声有色。其中原因当然很多，但人事协调的问题是最主要的因素。

　　拿破仑曾经说过这样一句话："狮子率领的兔子军远比兔子率领的狮子军作战能力强。"这句话一方面说明了主帅的重要性，另一方面还说明这样一个道理：智慧和能力相同或相近的人不能扎堆儿。能人扎堆儿对企业发展不利。

　　请看这样一个例子：三个能力高强的企业家合资创办了一家高新技术企业，并且分别担任董事长、总经理和常务副总经理的职位。一般人认为这家公司的业务一定会欣欣向荣，但结果却令人大失所望，这家企业非但没有盈利，反而是连年亏损。原因是不能协调，三个人都善决断，谁都想说了算，又都说了不算，最后啥事也没干成，管理层内耗导致企业严重亏损。

这家公司隶属于某企业集团，总部发现这一情况后，马上召开紧急会议，研究对策，最后决定敦请这家公司的总经理退股，改到别家公司投资，同时也撤消了他总经理的职位。有人猜测这家亏损的公司再经这一番撤资打击之后，一定会垮掉，没想到在留下的董事长和常务副总经理的齐心努力下，竟然发挥了公司最大的生产力，在短期内使生产和销售总额达到原来的两倍，不但把几年来的亏损弥补过来，并且连连创造出相当高的利润。而那位改投资别家企业的总经理，自担任董事长后，充分发挥自己的实力，表现出卓越的经营才能，也缔造了不俗的业绩。

这的确是一个值得研究的例子，三个都是一流的经营人才，可是搭配在一起却惨遭失败，而把其中一个人调开，分成两部分，反而获得成功，所以问题的关键在人事协调上。

习惯上，我们承认多数人的效应，因而有"集思广益"和"三个臭皮匠，胜过一个诸葛亮"的说法，认为采用一个人的智慧，不如综合多数人的意见。然而，每一个人都有他的智慧、思想和个性，如果意见不一或个性不投缘，往往容易产生对立和冲突，这样一来，力量就会被分散或抵消。一加一等于二，是尽人皆知的算术问题，可在用人上就不同了。配置得当，一加一可能等于三、等于四，甚至等于五；配置不当，人员失和，一加一可能等于零，也可能是个负数。

那么怎样使人员配置更加合理呢？一般地说，一个单位或一个部门的管理人员，最好不要都配备精明强干的人。道理很简单，假如把十个自认一流的优秀人才集中在一起做事，每个人都有其坚定的主张，那么十个人就会有十种主张，根本无法决断，计划也无法落实。但如果十个人中只有一两个才智出众，其他的人较为平凡，这些人就会心悦诚服地服从那一两位有才智的领导，工作反而可以顺利开展。所以，经营者用人，不光要考虑其才能，更要注意人员的编组和配合。

人才的调配应当从实际出发，本着"科学、合理、高效"的原则，积极做到人尽其才、行动默契、团结一致、发挥合力。

（1）要善于识别人才

人是复杂的，能有显隐，才有高低，而且在性格、情操、风格等方面都各不相同，这些因素会直接影响到工作的效果。这就要求领导者对每个成员的优势和特点都了如指掌，不仅谙熟每个人的现在，还要了解他们的历史；不仅要掌握其优点，更要知悉其缺点；不仅要清楚其工作，还要留意其生活。这样，才能做到心中有数，扬长避短，合理调配。

（2）要善于把握整体

只有把握主旋律，不同音符的组合才能谱出优雅、和谐的乐曲；只有掌握主色调，不同颜色的拼对才能出现生动、迷人的画面。同样，领导者调配人才必须要有大局意识，善于从"一班人"的角度来考虑问题，从整体上调整人员的增减、人员的互补，彼此间的微妙性和亲密性，使人员在调配后能劲往一处使，形成合力。

（3）要善于在调配中培养人才，挖掘潜力

合理的调配就是为了创造良好的环境和氛围，使每个人都能发挥出最大潜力。斧头的分量不仅仅要依靠斧刃的锋利，而且还取决于斧背的厚重，而人员调配的目的就是要让斧刃更锋利，斧背更厚重。我们要根据实际情况有的放矢，科学安排，创造条件，该打磨的要磨得锋利，该加重的一定要有分量，使二者形成合力，产生实实在在的力量。换句话说，调配的目的就是要让唱主角的挑大梁，唱配角的拿大奖，形成各有千秋的良好局面。

总而言之，用人上的合理调配、统筹安排，是人事管理工作中的学问和艺术。作为领导者，一定要在这方面多下功夫，多做文章，充分运用好调配艺术，使人才资源能够得到最充分的开发和利用。否则，人才的能力得不到完全的发挥，肯定会造成企业人力资源的浪费。

2. 科学地评估人才的能力，做到人尽其才

每个企业最严重的问题都是"人"的问题。员工是公司最重要的资源。他们的贡献维系着公司的成败。随着社会的发展，科技的进步，现代社会企业间的竞争已经演变成人才的竞争，谁拥有的科技人才多，谁的竞争实力就越强。

举一个中国古代的例子来进一步说明人尽其才对一件事情成功与否的关键作用。秦朝末年，群雄逐鹿，有两支起义的队伍逐渐成了战争的主导，一个就是以刘邦为首的汉军，一个就是以项羽为首的楚军。楚汉争雄，而最终战争的胜负关键，依然是一个人尽其才的问题。刘邦取得了楚汉之争的最后胜利，就在于他的"三架马车"：萧何，韩信，张良。萧何稳健持重，来治理军政务；张良足智多谋，充当军事；韩信骁勇善战，来冲锋陷阵。正因为刘邦这种善于用人，人尽其才，才战胜了刚愎自用，有勇无谋的项羽。因此，我们的企业想要在竞争日益激烈的经济活动中保持优势，必须做到善于用人，做到人尽其才。

许多企业的管理者不清楚员工的真正实力在哪里，所谓"人能尽其才"，把人摆对位置是很重要的，这是考验管理者用人的智慧，也是人力资源管理的最高指导原则。大材小用或有才不用都是人力资源的浪费。

朱先生原是一外企 A 公司的宣传策划助理。三年来，他凭着自己的才干屡屡为公司创下佳绩。前不久，A 公司企划部经理因故辞职，员工们纷纷以为朱先生是毋庸置疑的最佳人选，后来公司领导却作出

了让猎头公司为自己寻找更为合适的高级策划人才的决定。两个月后，朱先生辞去了 A 公司的工作，并应一家民营企业 B 公司的邀请出任其销售总监。再后来，在一次业界的项目策划活动中，朱先生以自己独特的策划方案击败了 A 公司的企划案，使 B 公司从此在市场上威名四振。A 公司领导闻讯后，不禁扼腕长叹，悔恨连连。

目前，很多公司在内部出现职位空缺时，往往第一时间会想到找猎头公司，认为"外来的和尚好念经"。显然事实不尽如此，一方面外来人才对公司企业文化还有一个磨合、适应期；另一方面他们却忽视了公司原有的人才，不予挖掘、起用。结果造成了类似以上案例中企业精英的流失，浪费了人才资本。显然，A 公司未能看好朱先生的工作潜能，是因为对其业务水平的错误判断，认为他"最多也不过就是目前这样子"。事实上，朱先生到了另外一家企业后，却显示出自己确有过人的才华和实力。

某国际知名的管理咨询公司主管曾深有体会地说，"要想留住企业中最出色的人才，就必须为他们提供最具挑战性、最有益、最合他们心意的文化"。由此看来，能否为优秀人才提供发展机会以及合理的激励制度，关系到能否充分挖掘员工的潜力，提高企业的竞争力。上例中，朱先生并非无才，而 A 公司人才外引似乎也没错，公司未用朱先生不是不重视人才，只因量才有失。

要想避免这种浪费，人力资源管理者必须要科学地评价人的能力，把他放到合适的位置上，做到人尽其用。有才不用是一种浪费，大材小用也是一种浪费，有才不能尽其能更是一种浪费。

作为企业的人力资源管理人员，要了解人才个体自身的不同特点。每个人的能力特点有所不同，不同特点的人才对他从事什么样的工作以及工作绩效如何，都有着极其重要的影响。只有当特点和工作相匹配的时候，才能充分地发挥人的能力以及潜能，才能真正做到人尽其才。而如何才能明确地鉴定不同个体人才之间的差别，寻找他们之间不同的特点呢？

在哈佛商学院 MBA 核心教程中有对个性因素的阐述，即在所有个性因素中有五个最基础的维度：一是外向型，这样的人才善于社交、言谈，适合做外交方面的工作；二是随和型，这样的人才能够愉快合作，给人以信任的感觉，适合做协调方面的工作；三是责任型，这样的人才具有强烈的责任感、可靠性，适合单独负责一个项目，委以大任；四是情绪稳定型，平和，安全，能够统揽全局，这样的人才适合做决策者，不以物喜，不以己悲，能够冷静处事，善于分析；五是经验开放型，个体聪明、敏锐，适合做开拓创新型的工作。基于以上的五个维度，企业家们就可以量体裁衣，善用人才，真正实现人尽其才。

3. 留住人才，减少人才的流失

对企业来说辛辛苦苦培育的员工，不能留在企业里工作，是一种浪费。为了减少这种不必要的浪费，企业最好对离职的员工做一个调查，知道问题出在什么地方，想办法解决它，不要让它成为企业里的负面因素。当然，企业的薪资、福利，员工的未来规划、企业制度是否完善，是否有进修渠道，员工是否能内部创业，皆是能否留住员工的心的重要指标。

也许有人会问：人才流失到底有什么大不了的？美国联邦储备委员会主席格林斯潘极为精辟地指出：是美国的教育而不是外贸或者进口问题决定着美国人的命运。

虽然"重视人才"早已成为公司老总们的口头禅，但令人不解的是，许多公司一边不断地招人，一边听任人才大量流失。而人才的流失给企业带来了大量的不必要的开支和浪费。根据人力资源经理们估计，考虑所有因素，包括因为雇员离开公司而失去的关系，新员工在接受培训期间的低效率等，替换新员工的成本甚至高达辞职者工资的150%。

而且，替换新员工的成本还不仅限于此。许多公司的财富正越来越多地要用知识资本来衡量，而很大一部分知识资本存在于公司知识雇员的脑子里。但是，许多公司和企业仍然认识不到知识是一种无形资产。

许多公司一边不断地招聘人，一边却听任人才大量流失。持续不断地大量招聘新员工常使企业疲于奔命，甚至出现企业效益的下滑。公司若留不住人才，就必然要付出更高昂的代价。

　　某日化产品生产企业，几年来公司业务一直发展很好，销售量逐年上升，每到销售旺季，公司就会到人才市场大批招聘销售人员，一旦到了销售淡季，公司又会大量裁减销售人员。就这件事，公司销售经理曾给总经理提过几次意见，而总经理却说："人才市场中有的是人，只要我们工资待遇高，还怕找不到人吗？一年四季把他们'养'起来，这样做费用太大了。"不可避免，公司的销售人员流动很大，包括一些销售骨干也纷纷跳槽。总经理不以为然，仍照着惯例，派人到人才市场中去招人来填补空缺。

　　终于出事了。某年公司销售旺季时，跟随总经理多年的销售经理和公司大部分销售人员集体辞职，致使公司销售工作一度近乎瘫痪。这时，总经理才感到问题有些严重，因为人才市场上可以招到一般的销售人员，但不一定总能找到优秀的销售人才和管理人才。在这种情势下，他亲自到销售经理家中，开出极具诱惑力的年薪，希望他和一些销售骨干能重回公司。然而，这不菲的年薪，依然没能召回这批曾经与他多年浴血奋战的老部下。

　　一家公司流失的人员越多，它必须重新物色的人才也就越多，即使那些不准备大事扩张的公司也是如此。随着国际经济大环境的日趋发展，世界各国的公司和企业对优秀人才的需求越来越大，人才供不应求。为了留住自己公司需要的人才，企业纷纷拿出了大手笔。

　　在微软的发展史上曾发生了许多比比尔·盖茨的财产快速增长更加激动人心的寻找人才的故事。

　　很多年前，在 Windows 还不存在时，盖茨去请一位软件高手加盟微软，那位高手一直不予理睬。最后禁不住盖茨的"死缠烂打"同意见上一面，但一见面，就劈头盖脸讥笑说："我从没见过比微软做得更烂的操作系统。"但盖茨没有丝毫的恼怒，反而诚恳地说："正是因为我们做得不好，才请您加盟。"那位高手愣住了。盖茨的谦虚把高手拉进了微软的阵营，这位高手成为了 Windows 的负责人，终于开发出了世界上最普遍的操作系统。

这样的例子在盖茨经营微软的历史中不胜枚举。在西方记者撰写的关于微软的书籍中，多次提到一件事情：加州"硅谷"的两位计算机奇才——吉姆·格雷和戈登·贝尔，在微软千方百计的说服下终于同意为微软工作，但他们不喜欢微软总部雷德蒙冬季的霏霏阴雨。盖茨听说后，马上在"硅谷"为他们建立了一个研究院。

微软的工作地点在风景秀丽的西雅图北区，四周都是葱郁的树木。盖茨希望微软的员工能因此而骄傲，并由这种骄傲产生依恋和归属感。1985 年，公司在讨论设计方案的时候，盖茨就明确指示：所有楼房都设计成 X 型，让每间房子的窗外都可以看到郁郁葱葱的树木，每间房子只能住一个人。盖茨在会上说："我们这些姑娘和小伙子，在进大学前，几乎足不出户。现在我们把他们带到这荒郊野外的地方，应该想方设法让他们觉得舒适。"

而在这个总部里，所有成员每人都享有同等的约 11 平方米的单间办公室，里面可以听音乐，调整灯光，做自己的工作，可以在墙壁上随意贴自己喜欢的海报或在桌上摆置喜欢的东西，让这间办公室像自己的一个家。

在这里，无论是开发人员、市场人员还是管理人员都可以保持个人的独立性。不管你是新来的大学生，还是高级管理人员，或是老牌的微软人，大家全部一样。这种工作环境体现着微软崇尚高度独立的企业文化，且能做到对员工的挑战和考验。盖茨认为，只有在一个独立的富有个性的环境中，软件开发人员的智慧才有可能最大限度地发挥出来。他的这种"反叛"一下子把那些老牌软件公司远远地甩到了后面。

在对微软应用部门进行的一次调查中，有 88% 的雇员认为微软是该行业的最佳工作场所之一。这再次印证了比尔·盖茨在管理方面的天才。他惊人的创造力和对市场的应变能力，让对手们十分敬佩，同时他在人员管理上最富人情味、最富人性化的举措让微软这个拥有3万多名员工的庞然大物充满了生机。

　　留人千万招，招招在留心。许多公司发现，向员工承诺吸引他们的更好的其他条件确实很困难。这些条件包括对工作的满意程度，对集体的归属感，处理好工作与生活之间关系的能力，以及个人发展的机会。这听起来似乎有点可笑，但留住人才的艺术和经验告诉我们，这些东西虽然抽象而且难以捉摸，但却是非常重要的。因此，虽然一些留住人才的计划主要包括增加奖金和公司提供后勤服务，以及使生活更加舒适的特殊待遇，但更加重要的战略则是以发展计划为核心。

　　对企业来说，人事管理并不是花钱而不赚钱的事务，是一种应该尽量减少的开支，有效的人事管理可以有效地节省企业的开支，降低人力资源成本，为企业的发展提供必需的人才。

第十二章　营销节俭

　　营销既是为企业实现利润的部门，也是一个花钱大户，其成本每增加一分，就意味着企业的利润减少一分。因此，绝不可不重视营销节俭。节俭营销成本可以从多方面入手，如做好营销成本的预算、分析与决策，以尽量少的支出做好广告宣传，合理控制营销人员的各种花费等，都是减少营销成本的重要措施。

1. 先细分市场再投入产品

在市场营销中，很少有一个产品能够同时满足所有客户的需要。既然只能满足一部分客户，那么针对整个市场的营销就是一种浪费。因此，公司必须知道哪些客户对自己是最有价值的，他们的具体需求是什么，如何才能接近他们——市场细分的目的就是从各个细分的消费群当中，辨认和确定目标市场，然后针对客户的特点采取独特的产品或市场营销战略，以求获得最佳收益。如果企业的目标市场与其他细分市场没有差别，那么就不会取得成功。

在一个成熟的市场上，竞争往往非常激烈，这个时候如果与竞争对手展开正面厮杀往往是事倍功半的。因为，谁也不比谁笨，除非你拥有像微软、惠普、通用电器和沃尔玛等公司这样在行业里的绝对优势，或者你根本就寄希望于竞争对手犯错误。而事实上，你也不必被同质化的市场竞争搞得焦头烂额。

市场无处不存在机会，发现它们就意味着你找到了一块新的大奶酪，在新的竞争者进入之前，你可以酣畅地享用它，而且你还可能成为市场先入者并获得竞争优势。

企业如果能够先于竞争对手之前捕捉到有价值的细分新方法，往往可以抢先获得持久的竞争优势，这是因为由此企业可以比竞争对手更好地适应真实的买方需求或提高自身的相对优势地位。因此，企业需要做的就是瞄准用户需求，挖掘新的市场细分机会。

如果企业能在其细分市场上形成持久的成本领先地位或差异化的

形象，而且该市场从结构上来说具有吸引力，那么企业就会获得高于行业平均水平的利润回报。

我们观察一下那些优秀的企业就会发现，它们往往在市场机会出现前，就能够敏锐地识别出机会，或者它们本身就是挖掘市场新商机的高手，而一旦它们掌握并利用了这些机会，就能够很快形成自己的竞争优势，令竞争对手难以模仿。

优秀的企业总能够先于竞争对手发现市场上的可乘之机，并迅速地把抓到的机会转化为企业的竞争优势，从而使竞争对手望尘莫及。

联想集团是国内家用电脑市场上的领头羊，自从1996年以来连续位居电脑销量榜首，而且在除了日本以外的亚太市场上，也是排名第一。20世纪90年代初期，当国内电脑行业尚处于起步阶段时，联想集团率先推出了"家用电脑"的理念，将电脑市场一分为二，品牌细分的概念开始在国内流行起来。事实也证明，联想集团凭着自己在细分市场上的独到见解，一次又一次地引领着电脑消费的潮流。

联想集团最大的成功在于，根据用户标准，将曾经混淆在一起的电脑细分为家用和商用两大市场，由此以后，联想开始了在两大细分市场上不断地攻城掠地。商用电脑市场主要针对企业用户，它们关注电脑系统的安全和稳定性，为此联想集团推出了"扬天"系列商用台式电脑，为企业量身定制高性能的业务处理平台。家用电脑市场主要针对大众消费者，他们关注的是电脑的娱乐和学习功能，为此联想集团推出了"未来先锋""天麒""天麟""天骄""天瑞"等电脑。此外，联想集团还针对教育市场，推出了"启天"系列电脑，广受用户欢迎。

在取得巨大成功之后，联想并没有因此而停下脚步，面对笔记本电脑广阔的市场前景，联想又开始了新兴市场的开拓。

利用自己在市场细分上的经验，联想集团于2003年推出了"天逸"笔记本电脑，在业内首先挑起了笔记本电脑的细分概念。

成功的细分策略使得联想不断地引领着家庭用户的应用时尚。这些细分策略深深根植于顾客的应用需求，每一次创作的灵感都来自联想人对顾客的深层次关怀。从倡导"一键上网",轻松与世界互联,到建立家庭数码港,再到天骄系列双模式电脑,无不是联想致力于为顾客创造轻松、易用家用电脑的结果。

随着家用电脑市场的不断成熟,消费者的层次在悄悄发生着变化,形成了不同偏好的需求,市场正在创造着新的机会,联想集团敏锐地察觉到了这一趋势。在2003年年底,经过充分的准备,大量的市场调研工作,联想推出了"锋行""家悦"两款新产品,根据消费者偏好和层次的不同,将家用电脑市场进一步细分。"锋行"主要针对的是那些发烧级别的用户,他们是电脑中的高手,对电脑的性能要求非常高,对市场上的兼容机和小品牌又不是太放心,而"锋行"的推出正好填补了这一部分市场空缺。"锋行"配置的完全是当前市场上技术最为先进的硬件产品,这在很大程度上保障了其卓越的运行性能。"联想锋行,我的前沿领地"正在吸引着越来越多的电脑发烧友们。

事实证明,联想这两款新产品的推出获得了很大的成功,进一步稳固了联想在国内家用电脑市场上的领导地位。联想的成功再一次证明,新的市场细分方法的确能够为企业带来很多的机会,有时候甚至是决定胜负的关键,尤其是对于那些寻求差异化战略的企业来说就更是如此。

营销的浪费反映的正是当前营销的浮躁、盲目、冒进、急功近利等不理性的企业心态,也是中国本土企业总是无法实现超越、做大做强的一个原因。面对越来越国际化的趋势,越来越激烈的市场竞争,越来越理性的消费者和市场,越来越注重成本竞争和资源优化的营销时代,我们必须重新审视营销的未来,树立新的营销观念和理性营销心态,倡导"节约营销",走入理性营销时代。"做什么产品,给哪些人,怎么卖出去",这是任何一个从事经济活动的人都绕不过去的问题。面对数以亿计的消费行为和纷繁复杂、变化多端的经济现象,企业必须能够清楚地了解自身产品的消费对象,做到有的放矢,避免不必要的资金投入和浪费。

2. 营销成本的预算、分析与决策

并不是所有客户都能够给企业带来收益，根据 2/8 定律，20% 的客户带来 80% 的利润，还有 20% 的客户给企业带来的亏损，将消耗掉公司一半以上的利润。因此，企业要对客户进行分析，采取必要的营销成本控制。

（1）营销成本的预算

销售预算是营销成本预算的起点，销售预算数据为销售部门的各种预算提供了广告、摊销费用、办公费用等数据。编制营销成本预算首先要把销售预测转换成要实现预测而需完成的工作，然后确定完成工作所需的人数，最后计算完成工作所需的营销成本。销售部门汇总之后，要提交给财务部门，最后由企业负责人在预算上签名确认。销售部门的预算包括三个基本的预算，即销售预算、销售费用预算和管理费用预算。具体如下：

①销售预算。销售预算是指以销售预测为基础编制预计的企业产品销售收入或销售量的预算。进行销售预测时，由营销人员分别提交各自的销售预测，然后销售部门将这些预测结果汇总得出企业总的销售预测。预测时要考虑总体经济走势、竞争、广告、定价、促销等因素的影响，并采用时间序列分析、相关分析、数量经济模型等来修正预测结果，以提高准确性。

②销售费用预算。销售费用预算预计人员推销活动的各种费用，包括工资、佣金和营销人员的费用。销售费用水平的确定通常采用的

是经验法、销售百分比法、目标任务法(由预测确定的销售目标开始，确定实现目标必须完成的任务，并估计完成这些任务的成本)和参照竞争对比法。

③管理费用预算。销售部门要发生工资、办公用品费、租赁费、暖气、电费、办公室设备折旧等费用，这些费用构成了管理费用预算的主要内容。

（2）营销成本分析

营销成本分析包括以下两个方面：

①营销活动费用分析。企业的账户根据会计制度的规定按照销售人员工资、差旅费、通信费、水电费、租金、广告、办公费用等进行分类核算。营销活动通常划分为人员推销费用；广告和促销费用；仓储及货运费用；处理销售订单、支票、收付货款费用；行政费用。然后分析会计账户，采用一定的标准把会计账户记录的费用分配到相应的活动项目当中去。据此，企业就能分析各种活动耗费企业资源的程度。

②细分市场成本分析。按地区、产品或顾客群或订单规模把市场进行细分，分析每个细分市场的成本和盈利性，以发现盈利的以及亏损的细分市场或产品，这是营销成本分析的目的所在。

将细分市场成本分析和营销活动费用分析结合进行分析非常有效。首先，选择一定的分配基础，把分配到各种活动中的费用进一步划分到各个细分市场或产品，然后计算各个细分市场或产品应分摊的每种活动成本的金额，最后编制每一个细分市场或产品的利润表，从而很容易就能发现哪些细分市场或产品是盈利的或亏损的，并分析盈利或亏损的原因。

（3）制定正确的营销决策

营销决策包括销售区域决策、产品决策和订单规模决策。

①销售区域决策。销售地区如果太小可能造成潜在的销量不足以抵偿该地区的费用，而销售地区太大也会使销售人员花费过多的时间和费用。企业可以通过改变非盈利地区的推销方式或分销渠道，如运

用邮件促销、电话推销代替人员推销；增加广告和促销力度把弱势地区转为盈利。如果这些措施都无效，企业可以考虑完全退出某个市场。

②产品决策。通过对产品的成本分析发现各产品盈利的差别及其原因。对于存在改进潜力的产品，企业可以采用停产需求较少的产品、重新设计或重新包装产品、对同一产品采用多种包装、增减产品的广告量等手段增加产品的盈利性。

③订单规模决策。由于小规模订单直接推销的票据成本与大规模订单通常是相同的，但它们给企业带来的收益却是不同的，因此，企业应当有选择地放弃一些小规模订单。需要注意的是，有些大客户的购货量由许多单独的小订单构成，所以企业不能轻率地对小订单下结论。企业要在分析的基础上，采取措施予以改进，例如，说服总购买量大、订单规模小的客户提高订单规模，减少采购次数；以电话推销方式代替上门拜访非盈利或小批量客户；设立最低订单规模；设立最低收费或服务收费来限制小订单等。

3. 营销费用是一块可以削减的"肥肉"

在节约成本方面，当前国内企业都有一个很强烈的倾向——节约办公费用、节约管理成本、节约生产物料成本，却忘记了很重要的一部分——节约营销成本。

一直以来，采购、生产、财务等前端和职能部门对成本控制比较重视，而销售部门通常被认为是创收的部门，成本意识不强。所导致的直接后果，就是销售部门所获得的资源远远大于研发、生产部门获得的资源。

很多企业都会步入这样一个误区，那就是只要可以增加销售收入，费用投入多少都可以，导致对销售费用的控制和敏感度远远低于对财务费用和办公费用的控制和敏感度。

"挣钱的部门花钱是应该的""营销部门花钱是值得的""销售部门的理由很充分，而且预期是很诱人的……"这些都是企业管理层普遍的观点。

其实这些都是普遍的错误观念。营销中的成本支出，如果不认真分析，严格控制，那么就有可能变成"洪水猛兽"。我们有几个企业真正反省过，而且从内心里就有营销节约的倾向呢？

国外一些学者研究发现，并不是市场占有率第一的企业最盈利，因为为了维持高市场占有率，相对的付出也是巨大的。

要节省营销费用，首先要对各项开支进行分类汇总，大致可分以下几类：市场费(媒体广告、消费者促销、渠道建设和新产品推广等)、人工费(工资、佣金及各项福利)、运输费、租赁费、差旅费、通信费、交际费和商品破损等，再分析各种费用与销售额的比例是否合理并进一步找出节省开支的办法。

在利润方面应重点分析不同地区、不同渠道和不同产品的利润贡献额，以便能集中精力和资源做好高利润的地区、渠道和产品。

经营企业很有趣的一点，就是不管公司有多大，经营得多成功，企业都不能停下来休息。企业必须不断地寻找新客户、开发新产品、开拓新市场……所有一切都是为了赚更多的钱。

这也同样适用于费用方面，企业必须不断找寻可以降低成本的方法。

下面是一个企业老板程先生的经历。

程先生以前对公司的营运成本并不关心，对各部门与人员的费用也未设定预算，程先生认为员工们会对自己的工作负责，不计一切代价完成工作。到年度终了，结算费用支出时，只要收入大于支出，程先生就觉得一切正常。但是当公司大规模成长时，程先生却发现费用支出竟然大幅超越了公司收入，他完全不知道为什么会这样。

实际上，这是因为程先生把全部的精力都放在争取业绩上，而忽略了控制成本。因此在这两年，程先生修正了对待成本的态度，很警觉地对待营运成本的每一个层面，而且只要运用一点想像力，就可以降低费用支出。

在市场竞争异常激烈的今天，如果营销部门单纯以销售收入为导向，产生了比例过高的费用，那就必然会导致研发后续乏力、生产工艺落后等弊端，研发生产部门无法对销售形成强有力的支撑。因此，只有营销部门以投入产出为导向，企业的成本控制才会取得好的效果，企业的资源才能更为均衡地配置。

第三篇　营销一定有方法：
用最有效率的"销售军"打开市场困境

　　营销是有技巧、有规律可循的，营销策略是每个企业在营销活动中都必须面对的问题，根据市场的实际情况，制定符合企业资源能力又符合当时当地市场状况的营销策略是所有企业面临的首要问题。营销作为产品变为价值的必须过程，其间充斥着各种行之有效的方法，只要重视营销，视营销过程为企业生存发展的命脉，不断研究求新求变，面对的市场困境就能迎刃而解。

第十三章 量身定战略，统筹保胜利

操作优异与拥有强韧的策略不同：操作优异也许能让企业取得一时的胜利，但其他企业也会不断改进并迎头赶上，甚至加以超越。因此，一个企业的策略能克敌制胜，才能算是营销的完美攻略。

1. 在危机中重新谋划企业发展战略

企业发展战略决定了企业的发展方向，决定了企业未来一定时期内的行动路线。发展战略是企业经营的大纲和总方针。

美国未来学家阿尔温·托夫勒曾经说过这样的话："没有战略的企业，就像在险恶气候中飞行的飞机，始终在气流中颠簸，在暴雨中穿行，最后很可能迷失方向。即使飞机不坠毁，也不无耗尽燃料之虞！"今天的企业就类似在险恶气候中飞行的飞机，如果没有正确的战略指导，一定会迷失方向，甚至机毁人亡。

一般来说，企业发展战略一经制定，就具有相对的稳定性，不能随意更改。然而，当企业发展进入到特殊时期，遭遇重大变化时，比如大环境的动荡、不可抗力的影响、企业面临严重危机时，企业经营者就必须审时度势，对企业的发展战略重新作审视，并做出正确的判断和及时的调整，以使企业避免陷入困局，走入正轨。

21世纪，随着全球经济一体化进程的加快，世界市场更加波谲云诡，变幻无常。置身在如此急剧变化、挑战严峻的生存环境中，大凡图谋做大做强的企业，在事关企业未来发展方向、发展道路、发展模式等方向方面，均需要根据环境中的生存态势和发展方向，进行科学的具有革新实质的重新审视。同时企业首先会面临这样的两大生死抉择：企业将以怎样的方式生存下来？企业的未来将向何处发展？

如果一个企业的战略定位不准，那么企业就会遭受挫折，甚至一蹶不振，导致破产。很多成长中的企业的倾覆，说到底就是企业发展战略上的失误。

从一定意义上来说，今天的企业进入了全球战略竞争的年代，企业之间的竞争，在相当程度上表现为企业战略思维、战略定位的竞争。

人们经常可以看到，在激烈的市场竞争中，一些技术先进、设备精良、资金雄厚、生产效率很高的企业，却由于战略定位的失误，结果无法挽回地失败了。

20世纪70年代第一次石油危机袭来、汽油价格大幅度上涨时，消费者纷纷转向购买油耗低的小型汽车，而美国的福特、通用和克莱斯勒三大汽车公司却没有及时地调整自己的战略，以适应市场形势的变化，它们仍然在满负荷地生产大马力、高油耗的大型豪华汽车。结果，失去了消费者青睐的美国汽车大量积压，各大汽车公司陷入了严重的困境，有的甚至濒临破产倒闭的边缘，不得不申请美国政府的保护。而未雨绸缪的日本汽车公司却得消费者购车倾向变化的风气之先，以全力生产小功率、低油耗、高功能的小型汽车为自己的战略，大举进入美国市场，创造了前所未有的销售纪录，至今仍使美国汽车公司难以与之匹敌。

经验与教训告诫每一个企业经营者，高效率虽然是企业成功的必要条件，但还不是成功的充分条件。要取得市场竞争的成功，除了提高企业的生产效率之外，还需要正确的企业战略作保证。不然的话，一旦战略决策失误，企业的生产效率越高，失败带来的后果却越严重。

当然，企业发展战略的成功，还只是应对危机局面成功突围、成功生存的第一步，更加艰难的是具体的实施，找到突围的路径。在寻找路径的过程中，企业仍然少不了在黑暗中摸索。但关键的第一步已经迈出，成功的目标就近了一步。经过短暂的寒冬，初春的到来会让更多的企业重新崛起。

2. 制定出有效的营销战略规划

套用任何一种成功战略都不可能百分之百保证企业获利。毕竟其他企业的成功模式都是根据自身特点摸索总结而成的,是否适用于我们的企业就很难说了。因此,任何一个公司都应建立起其独特的营销特质与活动,而不能仅靠套用其他企业的成功战略存活和发展。

《后汉书·隗嚣传》中说:"是以功名终申,策划复得。"美国哈佛企业管理丛书认为:"策划是针对未来要发生的事情作当前的决策。"

"策划"对于个人来说就是策划人生旅程;对于企业来说就是"定战略"谋发展的步骤。一切企业的成败,都离不开制定科学的战略,一个好的战略可以救活一家企业;同样,一个不好的战略可以毁掉一个企业。因此,注定了在经济时代里,哪家企业能够制定出有效的营销战略规划,哪家企业就会兴旺、发达。

事实上,有许多企业的确制定出了个性化的发展战略并应用于实际,但却没有收到想像中一样的效果。这是为什么呢?这时就要分析企业制定战略的依据是什么,企业为什么要制定战略,是否能够真正考虑了顾客的需求和变化,考虑了竞争对手的战略与市场策略。制定有效的考虑顾客需要、符合公司自身发展需要的战略,这是制定企业战略的当务之急。要想将个性化战略制定好,就需要在三个方面的工作上下功夫才行:

(1) **明确企业的竞争战略基础**

个性化战略的基础是企业对竞争环境的分析，也就是说企业要明确自己所处的是一个什么样的环境，谁是企业的竞争对手，谁是企业的顾客，顾客的需求是什么，企业现有的竞争优势是什么，具备什么样的核心能力和核心产品才能满足未来的市场需求。在未来的环境中，企业又能有多少竞争优势可以与对手相抗衡。

（2）根据战略基础分析，明白企业的战略意图

战略意图意味着企业要有深远的奋力拼搏的眼光，方向感、探索感、使命感这三者正是战略意图的特征。每个企业的最终奋斗目标应该是在竞争市场中建立全新的竞争优势，包括企业在未来所具备的核心能力和核心产品。具有个性化战略的企业应该在使命感、方向感、探索感方面找出自己的战略意图，进而确定企业的战略计划。

在20世纪中期，美国汽车行业经过激烈竞争决出了四强，它们分别是通用、福特、克莱斯勒、美国汽车。除去进口因素，这四家公司的市场占有率分别为：通用51%，福特26%，克莱斯勒13%，美国汽车2%。各方力量相差悬殊，目标也不相同，因此它们制定的营销战略也不同，才使它们在适合各自企业的发展战略下，得到顺利的生存与发展。

通用：商战领导者战略。最理想的办法是继续扩大市场份额，但是再扩大2%的市场份额，就可能挤垮美国汽车公司或使其他公司面临困境。那时美国政府肯定出面干涉调解，最终让步的只能是自己。因此，通用公司不再扩大市场占有率，只维持现有的市场占有率，这就是通用公司的战略目标。

福特：挑战者战略。福特公司是第二强，有实力采取挑战者战略，向市场发动进攻。福特公司选择了向通用公司进攻。因为如果福特公司抢走通用公司10%的生意，它的市场份额就能增加到32%，但如果从美国汽车公司那里抢走10%，市场份额增加得却很少。

克莱斯勒：追随者战略。作为第三强，克莱斯勒公司最好不卷入直接对攻当中，而是坐山观虎斗，从中取利。时任总裁艾柯卡回避了通用公司与福特公司争夺的战场，采用侧击的方法实现其追随者战略。

美国汽车：补充者战略。美国汽车公司太小，无力向任何一方发动正面的进攻，也不奢望取得霸主地位。美国汽车公司采取补充者战略，向吉普车领域拓展，被视为传统的游击战术。尽管难以成为美国汽车市场的领袖，但毕竟拥有一个可以生存的特殊市场。

（3）构建竞争战略发展框架

企业制定战略是为了应对未来的竞争局面，所以企业就需要准确预测未来市场的关键点，把握未来的商机。企业不仅需要有发展的年度计划，更需要能提供发展蓝图的战略设计，这个蓝图便是竞争战略发展框架。

根据美国管理大师哈默和普哈拉的观点，建立战略发展框架，就是要求企业在未来10年左右将为客户提供哪些新的好处或"功能"，需要什么样的新的核心能力来实现这些好处，以及如何改善客户界面，以便让客户更有效地获得这些好处，形成自己的看法。企业战略发展框架并不需要对所需核心能力的具体建设过程作出规划，关键在于结合产业先见和已有能力确定核心能力的培养方向。

无论在企业制定营销竞争战略的任何一个阶段，企业的营销战略都应该建立在适合自身企业状况的前提下。也就是说，无论是采取以市场开发为重点、以技术开发为重点、以品牌培育为重点，还是以资本运营为重点等战略，都必须适应企业当前的状况，战略才能发挥其效用，企业才能得到发展。正如同戴帽子一样，假如戴在某个人头上合适，看起来就会很美观；如果戴到一个不合适的头上，看起来就不会那么美观了！

3. 挖掘出好的卖点——产品制胜的关键

商品是商家赖以生存的关键。现在的问题是，市面上的同类商品种类繁多，让消费者很难从中做出选择。这样一来，企业对商品的卖点定位就显得十分重要了。事实证明：给商品一个恰当突出的定位，就能让企业在商战中占尽优势。

据美国营销学专家统计，新产品上市一年后，只有20%还活着，两年后，只有5%还活着，三年后，就只剩1%还能存活下来。今天，同质化的产品越来越多，消费者凭什么要买我们的产品？这就需要对产品进行策划，策划出一个令消费者心动的卖点。

创造产品卖点的过程，就是对产品进行定位的过程。产品定位是营销定位中的最基本的形式。所谓产品定位，是营销者在目标市场上为本企业产品确定一个恰当的位置，用以标识自己的产品，以示区别于竞争者的产品。产品定位就是要使企业的产品在众多的同种类产品中与其他企业的产品区别开来，为自己的产品培养一定的特色，树立一定的形象，以求在顾客心目中形成一种特殊的偏爱。对于消费者来说，产品的卖点和定位，要能够满足他的物质和精神的需要，激发他现实的和潜在的需求，这样的产品才是好产品。

恰当的产品定位可以避免与对手之间的激烈竞争，甚至收到"不战而屈人之兵"的效果。可以说，好的定位就是成功的一半。从国内市场的实践可以看出，知名的产品都有一个明确的定位，它们有充足的理由让顾客购买本品牌的产品。如，六神以清凉舒爽为特色、舒肤佳以除菌为特色、力士以润肤为特色。然而，紧随"六神"之后的花露水，功效都是"祛痒、提神"，定位大同小异，品牌之间功能上缺乏特色，非常相似。于是，消费者完全是随机购买，碰到什么买什么，或者是广告上宣传什么就买什么。这是企业在产品定位的过程中，经常发生定位失误之一。此外，企业在定位的过程中，还可能发生以下几种失误，如：定位不足，即企业没有真正的定位，使消费者对其印象模糊或不觉得有什么特殊之处。

（1）以个性为卖点

将产品卖点定位于特定的消费人群。就拿耐克鞋来说，它的成功在于它让成百万的年轻消费者确信鞋不仅仅是鞋，而是代表个性。耐克的流行关键在于，它将重点消费人群定格在了 12～24 岁的核心消费者身上，也将它的宣传深深地定位在青少年消费者最喜欢的篮球及极限运动上。

（2）以美丽为卖点

切入市场空白点寻找卖点。现在想要挖掘出市场的空白点是越来越难，给人的感觉是，市场已无立锥之地了。事实上，只要我们善于细分市场，市场还是有很多空白点是我们可以大做文章的。

有独特的卖点，才能够反映产品的独特之处，才能够树立起自己的品牌形象。

被誉为"创造内衣革命"的婷美内衣，大家都很熟悉。婷美内衣上市，创造了一个新的市场——美体塑身。人们称婷美集团董事长周枫带来了一个新产品，创造了一种新观念，发现了一个新行业。

从婷美本身来讲，它既是一个美体修型的工具，更是传播行为医学的使者。通过穿衣戴帽改变人的健康状况，符合卫生组织对 21 世纪保健行业的要求。

在对产品的策划上，婷美也可谓用尽心思。当初，产品的卖点到底是美体还是保健功能，婷美人内部争执不下。婷美第一次策划的是"一穿就变"，光这四个字就讨论了四个月。还有人主张选择保健这个卖点，理由是，既然已经做了两年多的临床，产品的减肥、丰胸、排毒这些功能也都经过审批了，不主打可惜。

最后，将产品卖点定在"美体修型一穿就变"，主打美体这一卖点。事实证明，这一决策是非常正确的。如果主打保健功能，人们势必要看保健效果，然而婷美内衣的保健效果并不是显效的。而主打美体功能，女性消费者能迅速跟进。

（3）以原料为卖点

从产品的主要原料上找卖点。这点突出体现在药类商品上，特别是中成药，其主要成分往往是中草药。这些中草药在古代医书上都有介绍，因其价格便宜，疗效显著，在老百姓中享有很高的知名度。

河南宛西制药公司，选用道地药材，提取精华，精制出浓缩型六味地黄丸。如果另取药名，其认可度将非常低。他们在药品名中直接使用了原料名，利用六味地黄丸在老百姓中的知名度和可信度作为卖点，其市场很快打开。

（4）以产品产地为卖点

从产品产地挖掘卖点。这类产品主要体现在乳品及保健品市场。在古代，大家就知道长白山的人参是人参中的极品，故而长白山的人参卖点很好。现在，蒙牛和伊利也利用了产地这个特点大做广告，分别打着"奶源好、无污染"的旗号一路过关斩将，在奶制品中占领了一席位置。

（5）换个包装挖掘卖点

从产品包装上挖掘卖点。产品包装上的文章是最值得做的：如果同等价位的产品，一个产品的包装精美给人以全新的舒服感，肯定会比那些包装普通没有新意的产品好卖。

联邦减肥朵朵粑的包装，是一种特种金属制作的立式椭圆形造型。灰蓝底色和凸起的银字印刷，给人高档豪华的感觉，这与它高端的产品形象十分匹配。在终端，朵朵粑放在众多的减肥品中非常醒目，消费者一眼就能认出它。而且，吃完后，包装盒还可以重复使用。

消费者以为自己买了朵朵粑,还赚了包装盒,一举两得。实际上,这是一种错觉,消费者以为自己是花钱买包装盒里的减肥药,却没想到,包装盒也是自己花钱买的。可以说,独特的包装就是联邦减肥朵朵粑的卖点,包装将朵朵粑与其他减肥品区分开来。

(6) 产品剂型也能做文章

从产品的剂型方面也可以挖掘卖点。拥有这类卖点的产品主要集中在药品和保健品方面。北京知蜂堂生产的蜂胶产品以其价格大众化为主要卖点,而哈药集团生产的金晚霞牌蜂胶产品较为昂贵,它将产品卖点定位在了剂型好(软胶囊包装)与纯度高两个方面,因此,它也有自己的一片市场。

(7) 取个好名利传播

从产品的命名上,也可以找到卖点。给新产品起个好名字,可以节省大量传播费用。

如果脑白金不叫脑白金,而叫松果体素,它还会像今天这样畅销吗?

好的产品名字,不需要你做广告,自己会说话。"白天服白片,晚上服黑片"——随着电视广告的热播,"白加黑"的名字传遍全国。

创造产品卖点的方法还有很多,以上仅仅千万产品中的一些成功事例。产品卖点的选择与塑造是一项具有挑战性的工作,不是一个人拍拍脑瓜就能决定的,是集体智慧的结晶。要想真正做好产品卖点上的文章,不但要对企业的产品进行全面了解,还要对市场形势进行全面透彻的分析,只有了解其他企业产品的卖点,清楚广大消费者的消费习惯及消费方向,才能挖掘出好的产品卖点,这是企业产品制胜的关键。

4. 紧跟变幻市场，有效产品创新

（1）微利时代，产品创新是关键

微利时代的竞争特点就是弱肉强食，竞争的核心也转向了产品的创新方面。一般的消费者都喜欢选购较先进、功能较完善的新产品。因此，企业每种产品的创新也都紧密围绕着这一消费理念。而产品创新最关键的问题就是能否紧跟市场的需求，如果一种新产品开发出来跟不上市场的需求，那么它的创新是毫无意义、毫无卖点的，只能给企业带来亏损。

产品是企业参与市场营销活动的介质，是营销活动的基础，也是最核心的内容，更是企业竞争最重的一个筹码。因此，加强对产品的创新管理是企业在市场争夺中获胜的一个重要保证。然而，产品的创新不能是空穴来风式的随意修改创新，而应该首先对消费者的需求状况进行全面的评估、预测，让创新出来的产品更容易满足消费者的需要，才是创新的成功之路。

（2）产品预测有步骤

产品预测是产品管理的第一步，也是掌握在企业手中最大的有效变量。它主要包括以下五个方面的内容：

①产品信息的收集。产品信息主要有：市场环境、市场上现有的同类产品的状况，如性能、包装、价格等；潜在替代产品的状况；新技术应用趋势；竞争企业产品特点及发展态势等。

②供应商信息的收集。供应商信息包括供应商的规模、财务和信

用状况，供应商供货能力、销售区域、管理能力，以及人员结构、市场影响力等。

③消费者信息的收集。消费者信息主要是指现有消费者和潜在消费者的信息，包括消费者姓名、性别、年龄、职业、收入、住址、家庭状况、联系方式、个人爱好、个人纪念日、个性特点、购买行为特点、个人消费量等。

④市场信息的动态分析。完成市场信息的收集和整理，就进入市场信息的分析。对市场信息的分析不能是静止的，而应该是动态发展的，因为市场是瞬息变化的，无论是市场环境、产品政策等宏观条件，还是供应商、零售商和消费者的微观个体都处在不断的变化之中。市场信息分析将直接影响到企业对产品的预测，为此，应该建立市场信息分析的动态模型。

⑤产品预测。完成市场预测，重要的一步就是对产品进行预测。内容包括市场容量、产品前景、产品投放市场可能遭遇到的阻力、产品投放市场后的效果、竞争对手的措施等。产品预测可采取以下四种方式：

a. 主观预测法。产品决策者根据市场的信息，依靠自己的经验和判断能力，对产品在未来市场的需求变化趋势和产品销售状况进行预测。

b. 时间分析法。以历史时间为基础，组合成一个时间序列，应用一定的数学方法和系统理论，使其向外延伸找出产品在未来市场需求变化的趋势。

c. 相关分析法。又称因果分析法，它主要是研究变量之间的规律性，运用数理统计方法，并据此预测未来市场变化的趋势。

d. 竞争对手比较法。产品决策者以竞争对手的产品决策进行自身产品的预测。

值得注意的是，同等规模企业间的技术力量一般是没有多大的差异的。各企业在创新方向上的不同，关键在于前期产品预测阶段对产品预测信息的掌握与分析。也就是说，预测信息的真实性与分析上的准确性直接决定了产品创新的成败。因此，无论采用哪一种产品预测方式，企业应该以客观因素进行预测，减少个人主观因素的影响。

（3）新产品开发大攻略

新产品决策要求除了要分析市场变化外，更要立足企业的实力。盲目进行新产品决策，不但会导致新产品研发的失败，甚至会成为企业失败的导火索。新产品的开发应该有一个完整的开发策略，才会在一个正确的方向下进行。在现代经济中企业的产品开发策略大致有以下几种：

①抢占市场策略。在高速发展的市场，加快新产品的开发速度，就能在市场上捷足先登，取得丰厚的利润。从市场竞争的角度看，如果你能领先一步，连续不断地开发新产品，竞争对手就会为了追赶你而疲于奔命；使竞争对手遭受挫折，这样你就会建立起自己在经营上的优势。

②超越自我策略。这种策略的着眼点在长远利益，而不在眼前利益。这种暂时放弃一部分近期利润，最终以更新更优的产品去获取更大利润的经营策略，要求企业有长远的"利润观"，要注重培育潜在市场，要有超越自我的气魄和勇气，更需要有强大的技术力量做后盾。

③"迟人半步"策略。在新产品开发上，"先发制人"往往能占先机，但迟人半步跟随超越的威力也不可小觑。所谓迟人半步，就是等别的企业推出新产品后，立即加以仿制或改进，然后推出自己的产品。这种策略是不把投资用在抢先研究新产品上，而是绕过新产品开发这个环节，专门模仿市场刚刚推出并得以畅销的新产品，进行追随性竞争，以此而分享市场收益。

④借脑生财策略。新产品的开发要以高科技为依托，加大新产品的科技含量。而要做到这一点，仅凭企业自身的技术力量往往是不够的，每一个企业都要全力以赴寻找合作伙伴，通过技术引进和技术合作，借脑开发新产品，培植新优势，树立企业新形象。

⑤风险投资策略。新产品的开发存在着技术风险和市场风险，许多企业为规避风险而放弃新产品的开发，使得企业产品老化，企业因缺乏新的经济增长点而日渐衰退。企业通过风险投资的方式与独立的风险企业联手协作，免去了自身的投入和风险。

⑥差异化策略。企业在研制新产品时，应考虑到与其他同类产品的差异性，向消费者提供具有自身明显特色的产品，给消费者一种标新立异的印象，以此增强产品的吸引力和竞争力。

⑦市场扩散策略。无论何种新产品，研制出来总要推向市场，接受消费者的品评。然而，如何将新产品推向市场并不是一件轻而易举的事，如果它们不是在顾客需要的时间和地点出现，往往会以失败告终。

可以肯定的是，只要企业能够紧密跟随风云变幻的市场，就能挖掘出更有效的产品创新之道，在满足消费者需求的同时大赚一笔。

第十四章 做好全方位调查，决胜信息战

商战中的信息战，顾名思义就是各企业为达到营销目标，收集竞争对手与竞争环境的信息并转变为情报的系统化过程。在商战中，企业必须关注瞬息万变的商战情报，并对照这些情报作出积极的反应，避免在营销活动中产生各种不利于企业的现象，这就是商战中的信息战。很多知名企业都有自己的竞争性情报机构，通过各种手段收集分析竞争对手乃至竞争环境的情报信息，为企业的迅速成长提供了有力的情报信息保障。

1. 掌握风云变幻，占尽八方运势

若以瞬息万变的思维，去顺应瞬息万变的市场，你就会发现，原来你已与市场保持一致的速率。正如将市场比作时时变速奔跑的车辆，若你与车子保持同样的奔跑速度，你就能看清市场的变换规律，提前应变。

（1）**商业情报 = 利润**

人类步入信息时代，产品更新换代周期缩短，市场竞争更加激烈，要想在瞬息万变中赢得市场，企业必须要对这些方面进行完全的掌控，并根据它的变化作出有效的回应，才能占尽天时、地利、人和的各方面优势，获取最大的效益。

在海湾战争爆发时，长虹集团倪润峰得知石油涨价的消息后，董事会立即做出采购500万吨聚苯乙烯的计划，提前两周采购，使得长虹电视机外壳成本降为国内同类产品成本的45%。在利润分成中，长虹依靠这一商业情报的决策获得5000万元的相对收益。

没有市场的调查就很难有成功的销售，这也是一条铁的定律。

（2）**深入人心，拓展市场**

对消费者数量、密度、分布、年龄、性别、种族、职业等方面的调查了解都属于市场调查这个范畴。如，对某一特定年龄群的人口数量的增长速度——例如老年人，企业便可能转移至老年人所大量消费的产品和服务，例如医疗保健与休闲活动等。当然，除了上述调查以外，最重要的一项调查应该是对潜在消费者支付能力的调查，这一点几乎决定着所有潜在顾客的购买成功率。

能够给消费者实惠的公司，也同样能够受到消费者的青睐，这是千古不变的经商法则。

身为第二次世界大战后出生的瑞典年轻人英格瓦·坎普拉（宜家创始人）观察到，许多家庭由于价格昂贵而买不起瑞典制造的家具。经他调查与仔细分析得出了结论：一是因为家具本身的高品质，二是因为家具零售商之间欠缺积极的竞争性，赚取的利润十分可观。

英格瓦·坎普拉面对这个商机很快做出了反应：他制定的五种方法很奏效，降低了家具的实际价格。

①企业以零售为主要方针，并以大量购买或大量订购的方式来获得较低的价格。

②家具的设计必须是组合式的，并且必须直接从制造商处送至他的营业据点，以大幅节省运送成本。

③顾客可以在展示间浏览组合式家具、选择自己中意的组合方式，在自助式的仓库中找出特定的组合配件，家具可以由他们自己运回，避免了由于运输费而对产品的加价。

④由顾客自行组合家具，因此可省下制造商与家具店更进一步的组合成本，同时满足了顾客的个人需要。

⑤相对于传统的瑞典家具店的厚利少销策略，宜家家具店采取的是薄利多销的销售手段。

以上的这些做法使得宜家家具的售价比竞争者便宜20%，但是这种价廉的高品质家具很快占据了市场，为宜家的发展奠定了坚实的基础。

（3）紧跟社会大方向，走在市场最前端

一般而言，企业会密切注意特定的经济健康度指标，例如就业率、利率、消费贷款率、库存率、新建房屋数量、国家的经济政策等。面对这些瞬息万变的社会环境因素，企业应该做到早了解、早知道，尽快地对它作出反应、抓牢市场。

突破思维的限制，让那些尚未开发且有潜力可挖的产品为我们带来利润。

1974年，以生产安全刀片著称于世的美国吉列公司做出了一个"荒唐"的举动——推出面向女性的雏菊牌专用"刮毛刀"。结果一炮打响，畅销全美国。销售额已达20亿美元的吉列企业又发了一笔横财。吉列公司企业雏菊牌刮毛刀的成功完全是建立在精心周密的对消费者需求的了解基础上的。

1973年，吉列公司在市场调查中发现，美国8360万30岁以上的妇女中，大约有6490万人为了保持自身美好的形象，要定期刮除腿毛和腋毛，这与社会上妇女衣着已日趋暴露不无关系。调查还发现，在这些妇女中，除约4000多万使用电动刮胡刀和脱毛剂外，有2000多万人主要通过使用男用刮胡刀，一年费用高达7500万美元。无疑，这是一个极具诱惑力的潜在市场，谁能抢先发现它、开发它，谁必将大发利市。

根据市场调查的结果，吉列公司在产品设计和广告宣传中都注重女性的特点：刀架选用了女性较喜欢的绚烂色彩，柄上还印压了一朵雏菊图形。广告宣传也强调安全，不伤玉腿。这都是企业在调查中广泛征求女性消费者的意见后而做出的决策。

吉列公司决定生产女性刮毛刀绝非心血来潮，异想天开，而是基于周密的市场调查而做出的积极而又慎重的结论。产品的式样或促销、广告宣传的重心也不是光凭主观想像，同样来自于实地调查。因此，吉列公司的成功在于经过市场调查切实把握住了市场机会。

市场总是在不断变化的，如果我们与市场不能并肩同行或不能超越它的变化速度，就只能尾随其后顺它而变，企业便得不到发展；但如果我们掌握了它的变化规律，就能提前做好准备，在市场竞争中就可以占尽八方运势，让企业飞速发展。

2. 知彼有方，克敌制胜

无论是大企业还是小企业，只要存在竞争，就必定要懂得打胜仗的根本所在——"知己知彼"。这"知己知彼"中，首先要的就是"知彼"，只有摸清敌人的一举一动，我们才能取得战场上的主动。详细说来就是更多地了解敌方的竞争性情报。

古代打仗都会事先向敌方军营里派一些"探子"，这就是为什么有的电视剧里总说："据探子回报……"这个"探子"就是情报收集人员，现代企业当然也可以向对方企业派出这方面的人员，来刺探竞争对手的情报。

竞争情报不是对特定问题的一时回答，它是有条理、有系统地连续收集与企业竞争有关的一切信息，它的目标是全面地反映变化中的竞争环境，是一个动态过程。

世界 500 强企业中，90％以上的企业都建立了竞争情报系统，竞争情报已经成为继产品、营销、服务之后，企业的第四核心竞争力。IBM 通过一项部署周密的秘密计划使之重登 IT 老大宝座，微软的竞争情报系统为其贡献着 17％～18％的利润增长率。可见竞争情报在现代商战中的作用日益重要。

IBM 公司的销售额曾经一度下跌，被对手抢占了许多的"地盘"。然而，自从郭士纳上台后这种情形就有所改观并恢复了往日的雄风。原因何在呢？

1993 年郭士纳上台时，发现 IBM 有非常领先的技术，却不了解客户需求。于是他全面实施竞争情报计划，推出了"领航员计划"。

IBM首先确定了12个主要竞争对手，然后指派12名高级管理人员分别主盯一个竞争对手。每一位高管下面带一个"虚拟的"竞争情报组，负责评价竞争对手的行动和策略。该组成员包括指派的负责人、代表各业务部门的同级负责人、由竞争情报专业人员组成的小型中心以及制造、开发、营销和销售等职能部门的代表。IBM还建立了以项目为机制的竞争情报营销体系。先以一个项目为试验品，制定决策并取得成功后，再推广到其他项目。就是这样一个体系帮助IBM从低谷走向了顶峰。

IBM"领航员计划"的成功，成为很多大公司效仿的模板。据知情人士讲，惠普公司就有一套"丢单分析体系"，它会非常关注竞争对手的项目和大单。举个例子，比如他们搜集IBM的50个单子，输入自己的情报系统，和自己的单子合二为一。假设惠普原来做的单子有50个，丢的单子有50个。它首先分析，丢的单子中有哪些项目是和IBM一块竞标的，比如有30个，然后分析这30个单子是什么原因。从几个角度入手：一是价格，自己产品的价格是不是有问题，是高了还是低了；第二是服务，是不是IBM服务做得好；第三是关系，IBM通过什么样的关系做成了这笔单子。而无论是价格、服务还是关系，都需要事先搜集这方面的信息资料。

市场竞争情报工作在商战中取得了如此大的成效，怪不得众多企业纷纷建立了自己的情报部门，欲分一杯羹。

（1）三方着手，竞争情报方能发挥实效

①从产品方面着手收集情报。产品的市场预测、盈利机会是企业决策所关心的竞争性情报，有较高的战略意义。围绕产品所形成的竞争性情报是企业最需要的，任何企业要密切关注处于同一细分市场中的竞争对手的产品策略和发展方向。要围绕产品的功能、外观、成本、价格、工艺、生命周期等方面进行细致调查。

②从服务方面着手收集情报。与有形的产品不同，关于服务的竞

争情报更难于获得，也更难于模仿。其中所包含的知识管理和人力资源管理的成分，不仅存在于条理之中，而更多地存在于整个企业文化之中。关注服务方面的竞争性情报，需要对目标对象进行全面的研究分析，掌握其服务规范、服务流程的精要，同时还要包括收集其企业理念，从其员工的言谈举止中获得需要的情报，从其客户那里投射来的信息也同样重要。

③从投资方面着手收集情报。企业的产品、厂房、设备、设计能力都是投资所带来的回报，资本的投入酝酿着竞争优势的增长。竞争对手的投资行为自然是最受关注的竞争型情报，而且由于投资、收益及其他财务指标更是企业运行的商业秘密，这些情报的获得尤其困难。企业的投资行为包括产品的升级换代、生产设备的革新改造、生产工艺的优化调整、人力资源的吸纳与变动等。

（2）及时处理竞争情报，让其迅速发挥实效

收集竞争情报的工作只是竞争情报系统的前提。在"快鱼吃慢鱼"的竞争时代，若想真正让竞争情报发挥作用，就必须对它进行快速及时的处理。然而在商战上行动敏捷的企业寥寥无几。据不完全统计，全世界只有13%的CEO认为自己的企业有能力对变化的市场环境做出快速灵活的反应。

国外企业竞争情报工作证明，企业想获得的竞争情报95%可通过合法的、符合道德规范的途径获得。但在这样一个信息爆炸的时代，从信息上升到情报还需要一段漫长的处理加工路径。

2006年6月30日，人高马大的德国和技巧娴熟的阿根廷遭遇世界杯1/4决赛。当足球解说员声嘶力竭讨论着胜负究竟是"比心理"还是"比技术"时，德国人在悄悄演绎着全新点球决战的涵义：比情报。

德国队在经历120分钟的残酷角逐后终于1比1逼平阿根廷，将对手拖进点球大战。

此时，德国队门将教练克林斯曼把一张神秘的纸条送到门将莱曼手上，每当本方队员罚球的时候，莱曼便从右腿的袜子里拿出这张纸

条看看，为自己的下一次扑救作精心准备。

结果出乎意料：德国门将4次都扑对了方向，并把阿亚拉和坎比亚索的射门拒之门外，最终4∶2胜出，以总比分5∶3晋级半决赛。

赛后，人们都把赞美献给了莱曼的上帝之手，而不为人知的是，点球大战真正的英雄却是克林斯曼的情报员齐根塔勒以及科隆体育学院的专家团。

他们认真收集了关于对手的每一场比赛录像、主要球员的背景信息（包括家庭婚姻），分析研究对手主力球员的跑动路线，最经常分球给谁，罚任意球、角球和手抛球的方式，传中球的特点等，数据覆盖了球员近年来参加的所有俱乐部和国家队赛事。

在这个基础上，他们与专家一起对这些录像进行技术处理，其中最重要的部分就是对方球员罚点球的特点，找出了罚球队员的习惯动作和门将的扑救方向的关联性，大大提高了德国扑救点球的成功率。

而到了临场的时刻，齐根塔勒都会根据对手的情况对光盘和数据进行分析，决定到底给球员看哪些镜头；而提供给门将莱曼的这张小小的纸条上，就写满了阿根廷球员射点球的特点。"虽然有很多偶然现象，但通过科学分析，可以或多或少地减少偶然现象出现。也许这些是微不足道的，但这些点滴一旦利用起来，在某一时刻就能决定一支球队是继续前进还是惨遭淘汰。"

这也许是对竞争情报的最佳注解。

事实证明，拥有一套高效、及时的竞争情报系统，可以敏感地觉察到对企业的竞争活动具有重要意义的外部刺激——不管是竞争对手的异常行动，还是竞争环境的微小变化——就能让企业紧紧地抓住信息上的优势，战胜其他对手并能有效地抢占市场份额。

3. 知不足求发展，重视反馈信息

"知不足"，就会有求发展、求进步、求完善的内在动力。只有"知不足"，才有可能真正超越自我，实现进步发展。只有"知不足"，才能准确发现自己的错误是什么，根源是什么，才能弥补自身缺陷，达到更完美的状态。对于企业也应如此，企业建立了各种顾客反馈制度，为的就是更好地收集自身的不足，以挖掘企业最大的发展潜力，使企业得到发展。

对于一个企业而言，它之所以存在，必然有其合理性。若企业的运作符合时代的要求和市场的需求，自身就会有很大的发展潜力，那么它的前途也是光明的。反之，如果一个企业墨守成规、不思进取，在各种不足面前不加以重视和改正，就可能会逐渐地失去顾客和市场进而导致破产。

在商品极其丰富的今天，如何让顾客更钟情于我们的产品和企业呢？

当然，除了产品上的微弱差别以外，让所有顾客能够得到最大满意度的销售企业才能解决这个问题的关键。然而让顾客满意，仅仅从企业自身的产品等一些方面进行假设式的改进，其效果往往并不理想，这是因为商家与顾客的消费观念和评价方法是不一样的。要想真正完善自己企业的不足就要走到顾客之中去，从顾客口中得知企业真正的病因与不足，这样企业在进行改进时就会产生事半功倍的功效。

（1）从用户的抱怨声中找市场

消费者的需求就是企业工作的重点所在，只有满足了顾客的需求，公司才能盈利、才能跟得上社会的发展。

1932年3月的一个下午，美国火石轮胎公司总裁菲利斯通和儿子菲利斯通二世，驱车前往俄亥俄州视察业务。后来，汽车在马路边停了下来，菲利斯通走下汽车，亲切地向田野里正在耕作的农民打招呼。

菲利斯通二世跟在父亲的后面，走过去跟一个农民闲聊，当两人握手时，菲利斯通二世发觉对方的双手特别坚实有力，不由地赞叹道："你的身体真结实！"

农民随口答道："不结实不行呀！"说完他指着耕地上的手扶拖拉机对菲利斯通二世说："这玩意走在又干又硬的土地上，跟一头难以驯服的牛一样，又蹦又跳，忽东忽西，如果没有点蛮力气，是控制不住它的！不信，你试试！"年轻气盛的菲利斯通二世有点不服气，决定开手扶拖拉机试试。可当手扶拖拉机开动向前走时，他才发现手扶拖拉机的扶手震动得十分厉害，走不到30米远他就坚持不住了。

外出考察归来后，菲利斯通心情沉重，因为此时火石公司的业务已呈饱和状态，汽车增加数量有限，橡胶轮胎的销路不好。菲利斯通觉得轮胎生意越来越难做，希望儿子能够帮忙。

初涉商界的菲利斯通二世为此也一筹莫展，于是开车出门兜风。不料汽车发动后，起步非常吃力。他下车检查后发现汽车轮胎的气被别人放了。但他不在乎，继续往前开，可越开车子越颠簸，连车轴都被震断了，他不得不停下来。

农民口中的抱怨加上"汽车事件"让菲利斯通二世明白了手扶拖拉机颠簸的真正原因：那就是光秃秃的铁轮子压在坚硬的土地上，必颠无疑。

市场就这样被菲利斯通二世首先占据了。为此火石公司立刻展开研制农耕机轮胎的工作，后来他们终于生产出一种适用手扶拖拉机的低压力轮胎。结果使当时全美国近百万辆手扶拖拉机穿上了这种"新鞋子"。火石公司也因此占据了市场最大的份额，让公司在发展不利的时候找到了新的商机，让企业一跃进入了大公司的行列。

真实、有效的顾客反馈犹如主刀医生手中的手术刀一般，可以让企业最直观地找到自己的病症。如果企业根本没有收集这些顾客反馈回来的信息，只能像盲人摸象一般，即便花费再多的精力也推测不出企业的弊病所在。故而，如何收集顾客的反馈信息成为了能否解决自身不足的关键。

（2）密切关注反馈信息的真实性和有效性

聪明的企业管理者不会总是被动地接收信息，而是在听到抱怨之前就主动探求顾客的满意度，并对这些信息的真实性进行调查，对相关人员的处理手段是否合理进行判断。

①定期调查顾客满意度。一些研究表明，顾客在每四次购买中会有一次不满意，其中，只有百分之五以下的顾客会向企业抱怨，而其他人多数会少买或转向其他供应商，而不是抱怨。公司却失去了顾客而不自知。因此，公司不能以抱怨水平来衡量顾客满意度。

敏感的公司通过定期调查，直接测定顾客状况。它们在现有的顾客中随机抽取样本，向其发送问卷或打电话询问，以了解顾客对公司各方面的印象。公司还可以趁机向买主征求其对竞争对手的看法。

②佯装顾客——判断销售人员处理的合理性。这里所说的"佯装顾客"，就是指那些专门负责调查反馈的工作人员装扮顾客，进行有效信息收集工作的一种手段。

例如，一个佯装顾客可以对所需调查的餐馆的食品表示不满意，以试验餐馆如何处理这些抱怨。如果顾客的抱怨没有被忽视，而是以有条不紊的、周密的方式被处理，就基本可以判断公司的处理机制是比较合理的。

③查不足，防止顾客流失。知道了自身存在的缺点，积极行动及实地进行改善和弥补，同样可以让企业发展壮大，"亡羊补牢，为时未晚"说的就是这个道理。

当国际商用机器公司流失一个顾客时，他们会尽一切努力去了解他们在什么地方做错了——是价格定得太高，服务不周到，还是产品不可靠等。公司不仅要和那些流失的顾客谈话，而且还必须控制顾客流失率，如果流失率不断增加，无疑表明该公司在使其顾客满意方面不尽如人意。

（3）帮助企业完善机制

许多饭店和旅馆都备有不同形式的反馈表，请顾客们点评自身的优劣；医院可以在走廊上设建议箱，向病人提供评议卡，出钱雇一位病人去收集病员的意见；有些公司，诸如宝洁、通用电器、惠尔浦公司等，都开设了 800 免费电话的"顾客热线"，为顾客提要求、发牢骚敞开了大门。这些顾客反馈信息无疑是企业的一笔无形财富，推动着企业前进的步伐。

"良药苦口利于病，忠言逆耳利于行"。企业应该正视有利于企业发展的一些逆耳良言，发现并弥补自身不足，确保自身的稳定发展。

第十五章　顺畅流程，后勤保障

正所谓"兵马未动，粮草先行"，粮草是胜利的最有力的保障之一，只有好的后勤保障，才有胜利的可能。对于现代的企业而言，物流同样是商战胜利至关重要的方面。试想一下，假如没有一个有效的物流，营销活动将会变成什么样：原料供应商无法将原料提供给需要的生产企业，生产企业由于得不到所需的原材料而导致生产停顿，生产企业无法向供应商提供合格的产品，顾客得不到所需的产品等。企业也会因此陷入物流不畅、销售滞胀状态。

1. 完善的仓管是畅通物流的基础

仓库是连接企业与经销商、顾客的桥梁。从企业的角度来看，仓库是从事有效率的流通加工、库存管理、运输和配送等活动的场所。从消费者一方来看，作为流通中心的仓库必须拥有最大限度的灵活性和及时性，才可以满足各类顾客的需求。因此，如何建造和管理好企业仓库，成了企业必须要抓的一项内容。

（1）自建仓库学问多，全面衡量是关键

以前，企业将仓库看成是一个无附加价值的成本中心，而现在仓库不仅被看成是形成附加价值过程中的一部分，而且被看成是企业成功经营的一个制胜法宝。

如何使建造出来的仓库从类型、规模、选址等多方面都适合于企业分销战略的要求，是有一定的科学规律可循的。

首先，自行建造仓库必须从使用途径上考虑。使用途径不同，需要注意的事项也不同。例如，储存液体材料的仓库与储存固体材料的就不同；储存食用物品的仓库与储存工业物品的仓库也不同。

其次，仓库规模大小的确定主要应考虑仓库的商品储存量，同时还应考虑储存的时间及周转速度。

最后，仓库位置的选择，应考虑顾客的地理分布、自然地理条件、运输条件、地价、法律法规等。

（2）只建造不管理，仓库只能做摆设

对于企业来说，有了仓库并非就万事大吉了。如果没有正确地管理，仓库的作用就微乎其微了。

当然，管理好一个仓库，并不是想像中的雇佣几个仓库保管员那么简单。相反的，仓库组建者必须要了解一些最基本的仓库管理技术才可以。其实，基本的库存管理技术很简单。按照程序来说，它包括储备与支出两个方面的内容。

企业一定要完善产品的进、出库管理制度，为的就是防止因管理不严而造成的产品非正常流出，造成企业没必要的损失。产品出库管理的过程应该是，仓保人员一定要根据销售科开出的有效产品出库单（出库小票）发货，并判明是零售出库还是成批销售出库，及时登记相应的产品出库流水账。这项制度只要严格遵守一般不会出现什么重大问题。

（3）"六不"原则，提高装卸流程的效率

近些年，日本物流界从工业工程的观点出发，总结出可以改善物流装卸搬运作业效率的"六不改善法"，具体内容是这样的：

①不让等——闲置时间为零。通过正确安排作业流程、作业量使作业人员及作业机械能连续工作，不发生闲置现象。

②不让碰——与物品接触为零。即通过利用机械化、自动化物流设备进行物流装卸、搬运、分拣等作业，使作业人员在从事物流装卸、搬运、分拣等作业时尽量不直接接触物品，以减轻劳动强度。

③不让动——缩短移动距离和次数。即通过优化仓库内的物品放置位置和采用自动化搬运工具，减少物品和人员的移动距离和次数。

④不让想——操作简便。即按照专业化、简单化和标准化原则进行分解作业活动和作业流程，并应用计算机等现代化手段，使物流作业的操作简便化。

⑤不让找——整理整顿。即通过作业现场管理，使作业现场的工具和物品放置在一目了然的地方。

⑥不让写——无纸化。即通过应用条形码技术、信息技术等，使作业记录自动化。

完善的仓库管理，能够为企业货物的流通提供最有力的后勤保障；为物流管理打下坚实的基础。只有将它做精、做细，企业才能得到最大程度的后勤支持。

2. 恰当的运输方式是取胜价格战的决定性因素

很显然，市场上的价格战愈演愈烈，如果企业的产品成本不能有所降低的话，利润的递减将是必然规律。当然这个成本的降低，不能单从生产过程中下功夫。因此，产品的运输管理被大多数企业看作是最后，也是最有希望降低成本、提高效益的环节。

（1）分析运输管理，选择运输方式为重中之重

运输管理是物流管理部门依据企业的分销计划、贸易合同、销售状况等对物流中的商品运输工作制定的行动计划。其内容包括统筹安排，确定运输工具、路线、商品品种和运量，装运时间、起运地、目的地以及每项活动的执行者和所需费用等，以使商品运输工作有计划、有目的地进行，确保商品能在规定时间、地点由生产地转移到消费使用地。

运输管理中最核心、也是最关键的部分就是运输方式的选择，如何选择一种既能节省成本，又不耽误货物使用时间的运输方式，对于一个企业来说至关重要，它将直接影响到产品的定价以及顾客的满意度等一系列营销活动的结果。

（2）运输方式各有利弊，恰当选择提高效率

现在运输方式的种类有很多。其中有的运输成本低廉，但是运输速度比较慢；有的运输速度比较快，但运输成本比较高；还有的介于二者之间或偏重速度或偏重成本。因此，我们在判断运用何种运输方式的时候，不能单说哪一种运输方式最好，也不能说哪种运输方式不好。运输方式的好与坏关键在于适不适合我们的商品。

下面我们对最常用的五种运输方式进行分析比较，企业可以根据自身情况从中选择一种或几种方式进行组合，运用于企业的运输管理之中，为价格战的取胜打下良好的基础。

①铁路运输。铁路可以用来整车装运大宗散装产品,如长途运输煤、沙、矿物和农林产品等。铁路运输的收费标准比较复杂。一般来说,整车运输收费标准最低,而零担货车收费较高。因此,企业可将发往相同目的地的物品合并配载运输,以利用整车费用低的优势。

②水路运输。水路运输适合于运输体积大、价值低、不易腐烂的产品,如沙、煤、粮食、石油和金属矿等。水运的成本最低,但是,这一运输方式速度慢,也容易受到气候条件的影响。

③货车运输。货车在运输路线的时间安排上有很大的灵活性,并可以挨家挨户上门送货,这样发货人就不必将物品由货车转装上火车,再由火车卸货装上货车,因此节约了时间,也避免了物品被偷盗或损坏的风险。对于价值高的商品的短途运输来说,货车是一种有效的运输方式。在许多情况下,货车运输的运费与铁路运输相比较,具有较强的竞争力,而且货车运输所提供的服务一般更为迅速。

④管道运输。管道运输是一种专门由生产地向市场输送石油、天然气和化工产品的运输方式。管道运输石油产品比水运费用高,但比铁路运输便宜。大部分管道都是由其所有者用来运输自有产品的。

⑤空运。虽然空运费是所有运输方式中最贵的,但是它又是运输速度最快的。经常空运的产品有易腐产品(如鲜鱼、鲜花)和价值高、体积小的产品(如科技仪器、珠宝等)。

恰当地运用这些运输方式,就能有效地降低产品成本带来最大利润。因此,企业在为某种产品选择运输方式时,要考虑速度、频率、可靠性、运载能力、可用性和成本等因素。如果企业要求快速,空运和货车是主要选择对象;如果目的是要谋求低成本,那么水运和管道运输就是主要考虑对象。在所有这些运输方式中,货车在上述大部分标准方面名列榜首,因此其使用率越来越高。而在实际的运输管理过程中,目前多采用复合运输方式。

(3)运输方式混合搭配,追求最佳运输效果

复合运输是吸取铁路、汽车、船舶、飞机等所有运输方式的长处,

把它们有机地复合起来，实行多环节、多阶段、多工具相互衔接进行商品运输的一种方式。这种运输方式的主要方向是杂货运输的现代化。集装箱作为连结各种运输工具的通用媒介，起到促进复合直达运输的作用。复合运输的优势一方面表现在它克服了单个运输方式或手段所固有的缺陷，从而在整体上保证了运输全过程的最优化和效率化；另一方面，从流通渠道来看，复合运输有效解决了由于地理、气候、基础设施建设等各种市场环境的差异而造成的商品在产销空间、时间上的分离，从而促进了生产与销售的紧密结合，以及企业经营机制的不断循环、有效运转。

目前，主要的复合运输方式可分为以下几种：水陆联运、水上联运、陆陆联运、陆空联运。

①水陆联运。水陆联运是指船舶运输与铁路运输相衔接的一种形式，按距离可以划分为陆水、水陆两段联运，水陆水、陆水水三段联运，以及水陆水陆四段联运等几种形式。如上海——大连——东北三省的运输形式就是水陆联运。此外，还有水路、铁路、公路联运，如南通——上海——漳州——赣西南地区就属于这种形式。

②水上联运。水上联运是指同一水系不同路线，或同一水运路线不同类型船舶之间的接力运输形式。具体形式有：江海联运，如南通——上海——大连，秦皇岛——上海——汉口；江河联运，如上海——汉口——常德(内河驳船)，河海联运(江轮与海轮联运)，海江河(海轮——江轮——内河驳船)之间的联运，如天津——上海——九江——南昌。

③陆陆联运。陆陆联运是指铁路与公路相互衔接的运输形式。

④陆空联运。陆空联运是指公路与飞机相互衔接的运输形式，一般形式为汽车——飞机(航空集装箱)——汽车。

以上各种运输方式各有优点和缺点，企业在具体决策采用何种运输方式时，应结合自己的生产经营特点和要求、商品性能特征、市场需求的轻重缓急程度、运输工具的装载能力、运输速度和路程、频率、可靠性、成本费用等因素进行综合考虑后，加以选择。

3. 完善配送管理，让物流更顺畅

配送是企业物流的重要功能，配送的效率以及服务的质量直接影响着企业物流的状态，进而影响整个分销渠道功能的发挥。配送活动进行得好有利于企业降低物流成本，提高物流效果和物流工作水平。

（1）配给的重要地位

公元前202年，刘邦平定了天下，开始对功臣论功行赏。获得封赏最多且排在第一位的，既不是神机妙算的张良，也不是百战百胜的韩信，而是负责后勤保障配给的萧何。

为什么呢？刘邦认为萧何"给馈饷，不绝粮道"，"配送"工作完成得出色为西汉王朝建立发挥着决定性作用。

配送活动的运作情况直接影响着企业销售活动的最终结果。企业的生产制造部门能在合适的成本下生产出合格的产品，而企业的市场营销部门能把产品出售给客户，但企业的物流部门若不能按承诺运送产品，客户最终还是不会满意。

现代社会是效率的社会，顾客对企业"诚信"问题也越来越重视，如果配送活动不能恰当运作，客户不能按时、按量收到企业承诺的货物，企业将很可能丢失这些客户。

提高配送活动的质量，往往就是客户服务中最具价值的方面，配送过程直接与顾客接触，并且从以下三个方面影响顾客的满意程度：

①通过产品配送提供给顾客所要求的基本增值服务：时间效用与地点效用；

②配送活动的畅通性直接影响着企业销售过程中满足顾客的能力；

③配送和其他物流作业经常与顾客发生直接联系，影响客户对于产品以及相关服务的感受。

（2）配送活动循规蹈矩，提高顾客满意度

配送活动不是一个简单地将顾客所要的货物送达就可以了，而是要在有关协议和有关制度的约束下，按照各个顾客不同的需求，在准备和搭配货物的基础上，以确定的方式或明确的供货渠道，把货物完好无损地送到规定的地点。配送活动的配送方式繁多，主要可分为定时配送、定量配送、定时定量配送以及即时配送等四种。然而，无论哪种方式的配送活动目的只有一个，那就是让顾客满意公司的销售活动。建立配送中心是强化配送管理、让物流更顺畅的主要方法。配送中心位于物流节点上，是专门从事货物配送活动的经营部门，核心任务是将货物送到需要的顾客手中。

那么什么是配送中心呢？

配送中心就是以组织配送性销售或供应，执行实物配送为主要职能的流通型节点。

配送中心为了能更好地做送货的编组准备，必然需要采取零星集货、批量进货等种种资源搜集工作和对货物的分整、配备等工作，因此，也具有集货中心、分货中心的职能。

为了更有效地、更高水平地配送，配送中心往往还有比较强的流通加工能力。此外，配送中心还必须执行货物配备后的送达到户的使命，这是和分货中心只管分货不管运达的主要不同之处。

（3）完善配送中心职能，运输质量方有保障

配送中心的主要工作包括收货、验收、储存、配货、送货和单据处理等。换句话说，只要将配送中心这几方面的工作做好，让它真正发挥其效力，企业的配送管理就能得到强化、物流才能得以畅通。

①配送中心的收货职能。当配送中心收到订单之后，首先要确定配送货物的种类和数量，然后要查询配送中心现有库存中是否有所需

的现货：如果有现货，则转入配货流程；如果没有，或者虽然有现货但数量有限无法满足需要，则要及时向总部的仓库发出配货订单。值得注意的是，必须要将所缺乏货物的数量、型号以及限定的运输时间——向总部的仓储部门汇报清楚，否则很容易在处理过程中出现偏差而影响配送中心的配送效率。

在收到配货订单后，总部的仓储部门会按照配货订单的要求迅速采取行动，通过相对稳妥的运输方式将货物发送到配送中心。一旦货物到达配送中心，配送中心就会组织有关人员接货，在送货单上签收，对货物进行检验。

②货物的验收入库职能。配送中心会采用一定的手段对接收的货物进行质量的检验和数量的核对。如果核对的结果与所需货物的要求相符，则会转入下一道工序；如果核对结果与要求不一致，配送中心应将有关详细情况记录在案，并立刻和总部的仓储进行联系，让他们以最快的速度补发或者重发货物，重新估算运输时间，如果能够赶得上客户的需求时间最好，一旦无法赶上客户的需求时间，应该尽快向客户作出解释或赔偿。

③配送中心的储存管理职能。配送中心的储存工作比总部的仓储部门少了许多工序，它主要是按照一个地区市场的销售情况，及时地补足流动性大的货物，也就是达到一个供需都比较合理的库存。除了常规的补货储备，还有一种储存形态就是暂存：在具体执行日配送时，按分拣配货的要求，理货场地所做的少量储存准备，或是在分拣配货之后，形成的发送货物的暂时存放，其作用主要是调节配货与送货的节奏。暂存时间一般不会太长。

④配送中心的拣选配货工作。配送中心的工作人员根据订货单上的商品、要货的时间、储存区域，以及装车配货要求的不同，将货物挑选出来备用。

⑤配送中心的配装工作。为了充分利用载货车厢的容积和提高运输效率，配送中心常常把同一条送货路线上不同的顾客的货物组合、

配装在同一辆载货车上。把多家顾客的货物载于同一辆车上进行配载，这样不但能有效降低送货成本，而且也可以减少交通流量、改变交通拥挤状况。

⑥配送中心的最终工作——送货。在一般情况下，配送中心都使用自备的车辆进行送货作业；同时，也会与社会上一些专业运输组织进行联合送货合作。与前面几项工作略有不同之处在于，当货物运送到客户指定的地点交与客户清点之前，一定要仔细核对货物的品种数量是否与订单上的相符，以免给公司造成一些不必要的麻烦。

强化配送管理是物流工作顺畅的有力保障。只有让顾客预定的货物保质、保量地到达指定地点，才能让企业的整个营销活起来；才能在顾客中形成较好的信誉；才能有利于企业的营销运作。因此，强化物流管理是整个物流工作中必不可少的一部分。

第十六章　审时度势，做宣传、定手段不盲目

　　个性化、差异化的宣传手段在商战中越发显得重要了，特别是文字宣传方面不能拐弯抹角、东拉西扯，要减少技术型的、抽象型的伦理和说教，要一针见血、直入根本，要最大限度地吸引眼球，引发公众注意力。在促销活动上，主题除了鲜明有卖点外，事件营销、新闻营销等别出心裁、独树一帜是十分重要的。

1. 理智投入，丰厚回报

"重赏之下，必有勇夫"。这是一个千古不变的道理。对于销售来说，产品宣传方面的投入力度直接影响着产品的知名度和销售回报率。现代企业也越来越注重广告宣传对于产品销售的极大促进作用，纷纷投入巨资进行广告宣传。理智的投资者大部分都获得了丰厚的利润，而赌徒式的投资者却迷失在舞台之上。

（1）移动、伊利——广告策略孰大手笔

2006年央视黄金段位广告标王再创新高，价格高达3.94亿元，比上年的中标价3.85亿元多了900万元。中国移动公司在当日的竞标中首拔头筹，将《2006年世界杯赛事直播》独家特约权和《2006年世界杯射手榜》独家冠名权以1.03亿元的代价揽入囊中。伊利集团则以2亿多元通吃《焦点访谈》首位广告。

这样大手笔的投入对于这两个公司来说，到底值不值呢？我们分析一下就不难明白：

作为国内两家移动电信运营商之一的中国移动，面临来自中国联通的巨大挑战，资费标准较低一直是中国联通挑战中国移动的一张王牌。而中国移动的市场机会正是在于大量的广告投入所塑造出来的知名品牌，以及在长期对中高端客户管理工作中积累起来的客户体验优势。伊利则显然是为了塑造更大的形象对抗联手超级女声的蒙牛乳业，此前蒙牛借势超女和中国航天已经在荧屏上形成了巨大的声势，伊利此次出手也是情理之中的事。

（2）秦池酒——弄巧成拙失江山

据经济学人士分析：宣传费用的投入力度与回收基本上是呈正比

关系的。也就是说投入的力度越大，回报就会越高。值得注意的是，并不是所有的大投入都有高产出。要知道任何事情都存在"物极必反"的道理，广告也不例外。因此在设定广告投入之前，一定要让广告规模和企业规模、企业实力相对称，企业如果抖出家底玩广告，严格地说仅是一种着眼即时效益和轰动效应而忽视长期利润增长的短期行为，最终只能自食恶果。秦池酒厂的兴衰正好演绎了这么一个事实。

秦池酒厂原来只是一家不知名的县级企业，年产值不过几千万元。1995年，该厂厂长下狠心，掏出6666万元买下了中央电视台的"标王"。一年后，该厂的销售额突破至8亿元大关。秦池酒厂尝到了当"标王"的甜头，于是决定，1997年即使投血本也要继续"夺标"，以树立企业形象。

正在秦池酒厂积极准备参加投标中央电视台黄金时段的广告时，传来消息说，国家工商局发出通知，今后要严格限制酒类广告，并规定1997年中央电视台从18点到23点，每个段位酒类广告只允许有两个，酒类广告从1996年每天平均50～60个要下降到12个。酒业企业纷纷担心得不了"标王"、争不到赠播，到时有钱也做不了广告。

于是，在酒类投标企业相互竞争中，出现了十分火爆的场面。34家酒厂对2块标版的角逐异常激烈，其中大多数企业都在做"标王"之梦。1995年秦池酒厂勇夺标王后，1年走完10年路的佳绩使人羡慕不已。在34家实际投标的企业中，标数超过1995年"标王"秦池酒厂6666万元的有22家，超过1亿元的有7家，其中山东的金贵酒厂投标数为20 100万元，只居第四，扳倒井酒厂出价20 200万元也与标版无缘。山东寿光酿酒厂出价2.2亿为齐民思酒赢得一块标版，而秦池酒厂以321 211 800元，高出第二位报价整整一亿元的价位再度夺魁，震惊四座，成了1997年招标会上的最大热门。在当时，这个价位相当于秦池酒厂1996年企业全年利润的6.4倍！

从二度夺得标王开始，强大的新闻、广告效应使秦池门前持续排起了等货的车队。为了应付骤升的销售，秦池大量收购四川小厂生产的酒勾兑，1997年初即被媒体报道曝光，从此秦池一落千丈。当年，秦池完成的销售额不是预期的15亿元，而是6.5亿元，再一年，更下落至3亿元，从此一蹶不振，最终从传媒的视野中消逝了。

秦池为什么在这么短的期间就风光不再而陷入困境？有多篇报道对它这种现象进行了分析。分析证明，秦池酒厂的投标行为是一种不科学的投入。

从利润的基本公式来说，利润＝销售量×（单价-单位变动成本）-固定成本总额。产品单价由市场竞争决定，单位变动成本和固定成本总额在一定的生产能力范围内固定不变。因此，这三个要素基本属于常数性质，公式中惟一的变量实际上只有产品销售量。因此，企业利润的高低在很大程度上取决于产品销售量的大小。而产品销售量的大小，又在一定程度上取决于产品的市场份额。当同类产品很多而又难分上下的情况下，树立企业产品的品牌是争取市场份额的较好途径，甚至是惟一有效的捷径。

然而在"好酒也怕巷子深"的白热化竞争环境下，树立产品品牌是提高企业产品市场份额的较佳方案。问题是做广告、树品牌必须具备两个条件：

①做广告是一条不归路，必须有长时间承受巨额广告支出的能力。否则，企业的市场份额会很容易随风飘走。

②一流的品牌必须以一流的质量作保证。

秦池酒厂虽然在广告宣传上的投入很大，在短期也收到了一定的回报，但是它在广告投入方面是不科学、不理智的，完全没有从自身情况及市场份额出发，只是一味地追求广告效应带来的利润；更重要的是，企业管理者被广告效应的巨大光环笼罩，失去冷静，忘记了质量是企业立足之本，为了支付巨额广告支出、追求更大的利润，不惜弄虚造假，终于导致登高跌重，被无情的市场淘汰出局。

因此，企业准备打广告宣传"重投入、高回报"的小算盘之前，一定要将上面谈及的几点内容反复琢磨，切不可走秦池的旧路。

2. 突破常规，借力打力

用别人的"兵"主要体现的是一个"借"字。精明的商家都善于利用这个"借"字——借助各种手段和效应来实现增加销售的目的。这其中借助"名人效应"是最常用的手段——他们不惜花重金聘请名人、明星来宣传商品，然后再从顾客手中将这笔重金成百倍、成千倍地赚回来。

（1）碳化钙公司的广告策划——审时度势见奇效

现代企业大部分都能审时度势地制定适合于自己的宣传手段，而这些制定出来的宣传手段更是五花八门、各有千秋。

美国联合碳化钙公司一幢五十二层高的总部大楼竣工了，一大群鸽子竟全部飞进了一间房间，并把这个房间当作它们的栖息之处。不多久，鸽子粪、羽毛就把这个房间弄得很脏。有的管理人员建议将这个房间所有的窗子打开，把这一大群鸽子赶走算了。

这件"奇怪"的事传到公司的公关顾问那里，公关顾问立刻敏锐地意识到：扩大公司影响的机会来了。他认为，举行一次记者招待会，设计一次专题性活动，散发介绍性的小册子等，把总部大楼竣工的信息传播给公众，这些自然也算是好方法，但仍是一般的常规方法。最佳的方法应做到使公众产生浓厚的兴趣，以至迫切想听、想看。现在一大群鸽子飞进了52层高的大楼内，这本身就是一件很吸引人的新奇事，如果再能够巧妙地在这件事上做点文章，则一定能产生更大的轰动效应。于是，在征得公司领导同意后，他立即下令关闭这个房间的所有窗户，不让一只鸽子飞走。接着，他设计并导演了一场妙趣横生的"新闻"活动。

首先，这位公关顾问与动物保护委员会进行联系，告诉他们此间发生的事情，并且说，为了不伤害这些鸽子，使它们更好地栖息，请动物保护委员会能迅速派人前来处理这件有关保护动物的"大事"。动物保护委员会接到电话后果然十分重视，答应立即派人前往新落成的总部大楼处理此事。接下来这位公关顾问又给一些新闻组织打电话：不仅告诉他们一个很有新闻价值的鸽子新闻，而且还告诉他们在联合碳化钙公司总部大楼将发生一件既有趣而又有意义的动物保护"案件"。

新闻界被这些吸引了。他们认为，如此多的鸽子飞入一幢大楼是极少见的，又加上动物保护委员会还将对它们采取"保护"措施，这确是一条有价值的新闻，他们都急于想把这个报道告诉更多的公众。于是，电视台、广播电台、报社等新闻传播媒介纷纷派出记者进行现场采访和报道。

动物保护委员会出于保护动物的目的，在捕捉鸽子时十分认真、仔细。他们从捕捉第一只鸽子起，到最后一只鸽子落网，前后共花了三天的时间。在这三天中，各新闻媒介对捕捉鸽子的行动进行了持续报道，使社会公众对此新闻产生浓厚的兴趣，很想了解全过程，而且消息、特写、专访、评论等体裁交替使用，既形象又生动，更吸引了广大公众争相阅读和收看。

这些新闻报道上的宣传，把公众的注意力全吸引到联合碳化钙公司上来，吸引到公司刚竣工的总部大楼上来，结果，联合碳化钙公司总部大楼名声大振，而且公司首脑充分利用在荧屏上亮相的机会，向公众介绍公司的宗旨和情况，加深和扩大了公众对公司的了解，从而大大地提高了公司的知名度和美誉度。同时，借此机会，将联合碳化钙公司总部大楼竣工的消息巧妙地、顺利地告诉了社会，使公众全盘地接受了这一消息。通过"制造新闻"，终于事半功倍地完成了向公众发布此消息的任务。

在美国联合碳化钙公司所采用的宣传手段中，我们不难发现审时度地的制定宣传策略是怎样完成的：

第一，度势：鸽子飞进大楼，立即下令关闭所有门窗，并请动物保护委员会来保护的做法，超出常规，这一点毫无疑问地激起了公众好奇心理。抓鸽子竟耗时达三天，更让人出乎意料。此次事件的效果十分明显，它不仅扩大了公司的影响，发布了总部大楼竣工的消息，他们关心动物的举动更加深了公众对公司的印象。

第二，审时：美国联合碳化钙公司在这个问题上是经过精心策划的。我们假设，美国联合碳化钙公司如果不通知动物保护委员会，让他们来捕捉鸽子，而径直通知新闻媒介，其结果只能是在新闻中短短的几个画面而已，公司总部大楼竣工的消息是不可能在电视荧屏上频频露面的，"鸽子事件"亦不会被人们热心地议论短短数天。

"三思而后行"是一句很有价值的警句。企业在面对竞争对手强烈的冲击下，不要头脑发热迷失自己，制定出一系列盲目且效果不理想的宣传策略。这些盲目的宣传策略没少花钱不说，根本见不到积极效果，有的甚至还会出现负面的效果。因此，在制定宣传策略时一定要审时度势，不可鲁莽。

（2）总统"售书"

有这么一个小笑话能充分说明现代商家的聪明之处，以及"名人效应"在销售中的作用。

一出版商有一批滞销书久久不能脱手，他忽然想出了一个非常妙的主意：给总统送去一本书，并三番五次去征求意见。忙于政务的总统不愿与他多纠缠，便回了一句："这本书不错。"出版商便大做广告："现有总统喜爱的书出售"。于是这些书被一抢而空。

不久，这个出版商又有书卖不出去，就又送了一本给总统。总统上了一回当，这次想奚落他，就说："这本书糟透了。"出版商闻之，脑子一转，又做广告："现有总统讨厌的书出售"。又有不少人出于好奇争相购买，书又售尽。

第三次，出版商将书送给总统，总统接受了前两次教训，便不作任何答复。出版商却大做广告："现有令总统难以下结论的书，欲购从速"。居然又被一抢而空。总统哭笑不得，商人大发其财。

3. 行之有效的促销，名利双收的效应

促销策略是市场营销策略的一个重要方面，是最富创意的一个策略。正确、巧妙地运用各种促销手段，不仅能使产品为消费者所接受，扩大市场份额、促进企业的发展，而且能使企业在激烈的市场竞争中占据有利位置、掌握经营上的主动权，在名、利两方面同时受益。

在产品的营销过程中，促销对企业营销产生的效果是明显的，使用促销手段能吸引更多消费者的关注。研究表明，在经济发达国家或地区，促销已经成为企业营销活动的辅助手段，而在发展中国家和地区，促销仍然是企业营销活动的有效手段之一。

然而在促销活动开始之前，我们必须要做一个多方位的促销定位。企业的促销定位主要包括三个方面：一是促销方式的选择定位；二是促销手段的实施方案；三是媒体的选择定位，即如何选择合适的媒体传递企业的促销信息。

（1）促销方式的选择定位

促销方式的选择定位，即人员推销、营业推广、广告、公共关系等方式的选择及其组合。

促销方式的定位准确与否直接关系到促销的效果。要提高促销定位的准确性，必须分析产品的属性和消费者的特性，同时要考虑到企业本身的实力，从而找准既适合于产品，又适合于消费者的促销方式。否则，即便采取促销活动，企业也无法得到理想的结果。让我们看看，在定位促销方式时都有哪些方面值得注意和学习：

①借助媒体，广示天下。现代社会是一个信息社会，信息的载体是传播媒体，包括电视、电影、报纸、杂志、广告等，这些媒体已经成为大众时刻关注的焦点，成为信息来源的渠道。借助媒体，可以广示天下，迅速扩大自己的知名度。

②口号开路,形象导入。形象宣传已经成为现代营销的重要策略。用简洁、明快的语言或图形,浓缩自己的形象,更容易最快进入市场对象的脑海,成为市场对象的选择。

③科技领先,网络推广。网络促销已经成为世界范围内最热的或者说上升速度最快的促销手段。借助科技,实行网络促销,各个企业、各个地区都应该认真研究,迅速跟上时代的步伐。

④举办活动,集中宣传。现在各地或者各个企业都在研究举办各种活动,包括文体活动、美食活动、康体活动、展示活动等。这些活动有些是大型活动,也有些是企业自己组织的小型活动,无论哪种活动都是集中宣传自己的好机会。当然,活动要准备充分,内容要新颖独特,形式要健康活泼,这样才能在社会上产生轰动效应。如果能够把活动办成定期的,其影响会更大。

⑤关注名人,借名扬名。名人会产生一些特殊的吸引力,借助名人,吸引名人,是某企业、某地区宣传自己的很好的机遇。

⑥提高质量,重视口碑。任何促销都是在服务质量,包括软件质量和硬件质量得到基本保证上的对外活动。促销不是骗人上当,也不是一锤子买卖,所以,必须有一个服务质量的基本保障。有良好的口碑,就会有回头客,就会有越走越亲的熟客。

(2) **促销手段的实施方案**

促销的手段多种多样,然而由于行业的局限性,所以促销手段具有一定的行业限制。

对于超市、宾馆、饭店等类的服务性行业来说,一般都通过办会员卡打折或返款来实现促销目的;然而有一些行业此次招儿却行不通,如那些由经销商转手再销售的产品,它们往往就会换一种促销手段。例如,众多的乳业公司就打出了"买三送一""买十送三"等手段。而对于一些长年消耗性产品,它们为了固定顾客群更是不惜血本,采取了"卖加送"的诱惑促销,这类手段常见于一些报刊、杂志等公司。例如《北京晚报》,不但承诺上门收订、投递到户、即订即投、免费上楼服务、免费安装报箱、可破月订阅，同时他们还以一些诱人的生活用品、礼品作为诱饵来刺激人们的消费，如唐人牌灵芝茶一盒、索芙特化妆品一盒、保暖内衣一身等。

总而言之，促销的手段是多种多样的，关键是选一款适合自己才能达到促销的目的。

（3）媒体的选择定位

媒体选择定位，即如何选择合适的媒体传递企业的促销信息。现代社会中，广告在促销中的地位尤为重要和突出。成功的广告定位必须解决好两个问题，一个是媒体问题，一个是广告创意问题。媒体选择恰当，既宣传了产品，又节约了费用；创意准确、独特，可以为广告定位起到画龙点睛的作用。

铺天盖地的广告作为一种宣传手段正影响着人们的消费理念。广告对于制造商或经销商来说，能增加产品的附加值，利于产品的销售；广告还可以表达某种文化内涵，可以把某种文化附着于某件商品之中。正如有此众多的原因，广告才被广泛地应用于市场宣传。

（4）促销也可有理念

促销的实质当然还是为了促进企业的销售，但如果策划得当，可以同时起到宣传企业理念、提升企业形象的作用，这个作用是无形而巨大的，能大大提高顾客对企业的信任度及品牌忠诚度。

其中，抽奖促销被广泛地应用于现代商战之中，在过年、过节的时候一些商家会推出买够一定金额的产品，抽奖返利或得到更多好处的机会。

任何一种规模的商家都可以尝试：比如一份恰到好处的强化品牌形象的奖品，标有自己产品或店名的一件T恤衫或一顶棒球帽之类。甚至一家小小熟食店也可以在橱窗上贴上一张招牌："欢迎留步，免费品尝美味的炸薯条！"乃至有一些小的面包店，会在刚进店的一张桌子上放上一些一口大小的样品供顾客先尝后买之用。促销只要做到恰到好处、行之有效，名利两丰收就会成为预言中的现实。

第十七章　管好经销商，玩转营销力

关于经销商的定义有多种描述，但其本质是一致的，即产品从厂商的手中通过中间商传至消费者手中，经销商是中间商的一种。经销商，一手拉着制造商，一手拉着消费者。他们是消费者的"购物代表"，又是制造商眼中的"推销专家"，凭借自家手中的网络优势产生的强大的产品分销能力，在市场中呼风唤雨，好不得意。

1. 解读经销商，走出"选婿"误区

经销商作为营销渠道中的一种，为大多数企业所采用，通过经销商的市场特定功能与经销作用，使企业的产品、品牌、技术与服务走向市场与消费者，从而实现企业价值转化的可能性。

然而在目前，中国的经销商们本身还存在着种种不尽如人意的方面：大部分经销商的专业素质较低，尤其是在各批发市场经营的经销商、经济发展较为落后地区的经销商，他们没有明确的市场定位，缺乏清楚明确的经营方向和方法，得过且过，主动性较差，走一步算一步，被动和盲目经营现象十分严重；有时还会作出严重的唯利是图和缺乏商业道德的行为。

因此，企业在选择经销商时，一定要根据自身的实际情况，确定好标准选最适用的经销商，为创建畅通的营销渠道打下最坚实的基础。

很多企业不甘心利润被别人"瓜分"，认为自建销售渠道便于管理与控制，降低成本，最终有助于企业增加利润。其实，自建销售渠道未必能够做到有效控制，而且自建渠道的投入及维护成本，在某些时候还会成为企业的一种负担。

（1）慎选经销商，走出"看上去很美"的误区

实力只是相对而言的，结果才是最重要的，只有能贯彻企业的营销理念，能不断地扩大企业产品市场份额的经销商，才是最适合企业自身的。错误的选择带来的后果是可怕的。

企业在选择经销商时，眼睛不要只盯着那些实力强大者，要知道

实力与好的结果并不一定能画上等号。在选择经销商时，厂家要避免陷入这种"看上去很美"的误区。

①在选择经销商时，不可执意选择客户多的。有经销商自称客户遍天下，南疆到北国，无人不识。这样的经销商虽然客户多，但客户太分散，集中程度不够，无法经营区域市场，而且这样的经销商往往是"窜货专业户"，因此不能将其列在首选之列。

②选择经销商时不一定要选择那些规模大的。衡量一个经销商是否优秀不在于他的规模而在于其营销模式，只有营销模式先进的经销商才能给企业带来长远的利润。另外值得注意的是，一些资历深和经验足的经销商往往抱着过时的经验不放，又拒绝接受新的营销思维。对于销售思路开阔的制造商而言，注重经销商经验和资历不如注重其营销思路，要选择那些能够接受制造商经验、接受制造商思路的经销商。

③企业在选择经销商时，不要过分强调其资金实力的强大。有资金实力未必会做市场。就像丈母娘选女婿不可过分看重其金钱一样，有钱并不一定人品好，要是找了一个奸邪之婿，女儿能否得到幸福也就很难说了，企业选择经销商也是如此。

④企业在选择经销商时，不要认为经销商越多越好。经销商的多少，是要受多种因素影响的。因此"经销商越多，销量也越大"的逻辑是不正确的。

⑤不要认为选择经销商之后就万事大吉。产品畅销离不开企业和经销商的协作与努力。绝大多数企业与经销商之间是纯粹的交易关系（交易型顾客），受利益因素的驱使，部分经销商可能会出现"变节"行为（同时经销竞争产品、主要精力转移、甚至弃企业而去等），给企业造成重大损失。在纯交易关系的情况下，如果企业对渠道成员缺乏应有的监督和控制，蒙受损失就在所难免了。

更危险的是，过多地依赖经销商会使企业自身的销售能力下降，丧失对市场变化的敏感性，沦落为"低能儿"，甚至最终被市场抛弃。

（2）莫要超越企业条件，"高攀"经销商

有的制造商自身并没有多少经济基础，然而却企图选择一些大的经销商来推广自己的产品、扩大影响力。殊不知，那些大的经销商根本就不会把这些小的制造商看在眼里，更不会放在心上。这样做的结果，往往是制造商一方费力不讨好。

(3) 挑选经销商要用"心"眼

可以说，要想将我们的产品完美地展现在消费者面前，那就需要我们在挑选经销商时一定要用心，尽量选择那些适合我们产品的经销商；其次，在选定合适的经销商后能否维护好与他们之间的关系也很重要。

从成功与失败的选择结果中可以看出，作为生产厂家，在寻找经销商之时，只要遵循一定的原则和规律，避免走进一些误区，就有可能缔结一场完美的婚姻。寻找经销商不是一次赌博，而是一场幸运和风险并存的投资。

2. 准确定位经销商，达到双赢是最佳

在生产商与经销商的合作过程中，"到底谁说了算"一直都是一个重要的问题。谁都想把主动权抓在自己手里，毕竟这关系着自己的切身利益。利益是一切争端的幕后黑手。

(1) 抓住"货源"做文章

生产商营销战略的目的是增加销售额，扩大市场占有率，增加利润。为实现这一目的，企业必须不断适应市场环境变化，组建最佳营销组合，这其中，规划固定的从生产到消费的流通渠道，对营销战略的实施具有重要意义。因此很多企业为了把市场发言权攥在自家手中，挖空心思地创造出种种招数，对那些不听指挥、想占山为王之辈从来都是毫不留情，果断地加以剔除。

在生产商与经销商的争夺发言权的博弈中，为了平衡二者的关系，很多企业开始积极推进销售渠道一体化策略，即将那些能领会自己的营销战略，积极协助经营企业产品的经销商纳入自己的专门营销渠道，并实现组织化，限定其经营地域、经营产品。

(2) "苏宁"挑战"海尔"——注意经销商也在说"不"

生产商和经销商虽然都要靠把产品更好地销售出去才能盈利，但两者之间在合作中难免会产生很多矛盾，争夺营销的控制权也就是争夺解决这些矛盾的优先发言权。这种情况下，如果生产商的品牌和实力越强，就越有解决这些矛盾的筹码，而如果经销商的通路能力很强并代理数个强势品牌，而生产商属于当地市场的二三线品牌，那么

经销商相对而言就更占主动。随着生产企业之间的竞争进一步加剧，市场经济由卖方市场向买方市场的转变，经销商的地位是芝麻开花节节高，重要性日益凸现。他们是翻身的农奴把歌唱，不用再看生产商的脸色过日子了。有的甚至开始搞秋后算账，让生产商的日子不消停。

2001年4月14日，家电连锁大鳄南京苏宁率先在南京大本营和江苏全省点燃降价烽火：400多个品牌、7000多种型号的商品齐降价，降低幅度之大令人咋舌，最高达50%。这次降价行动来得突然，事先没有任何征兆，许多生产商根本未经商量就被单方面宣布产品全线降价，海尔家电作为业界的"多面手"，涉及的降价范围最大，事先同样毫不知情。

海尔总部在知道消息后，高层人士急飞南京，但海尔的名字还是列入了苏宁的降价名单。在多方努力未果的情况下，海尔以断货相威胁，但商家不予理睬。于是，在南京的苏宁家电商场，消费者竟然买不到"中国家电第一品牌"的海尔彩电。

这是一场经销商与生产商之间的较量。这种情形并非中国所独有。在发达国家，市场决定权正迅速地从生产商转移到经销商。比如沃尔玛公司可以决定宝洁公司生产哪种产品，多少数量，何时发货，发到哪家商店。

经销商不再是针对一家公司服务，而是不断扩大连锁经营规模，销售众多生产商的产品，并且最终控制了渠道。有些情况下，销售商不必那么依赖生产商的品牌，而是可以销售自己品牌的产品，比如西尔斯公司或者沃尔玛公司掌握了畅销产品的信息以后，自己委托代理工厂商制造一种新品牌的商品，它属于沃尔玛，只不过换了一个名称。

（3）唇齿相依共荣辱，达到双赢一起赚

"唇齿相依，一荣俱荣，一损俱损"，这是厂商合作时必须谨记的。厂商之间能够走到一起，最终原因在于利益的驱动。唯利是图是商人的天职，谁都不喜欢干赔本的、赚钱少的买卖。利益的平衡分割，是厂商之间能持久合作的基础。随着市场竞争形势的变化，为了保持长期的发展与渠道优势，许多厂商采用了伙伴营销的观念，在厂商与经销商之间建立信任与合作的长期关系。

在伙伴营销中，生产商与经销商作为合作者，共同致力于提高产品质量、降低管理成本，他们相互参与对方的产品开发、存货管理与销售过程，这些都是通过信息与技术共享来实现的。因此，伙伴营销的侧重点在于保持现有渠道成员，并建立长期的社会、经济、技术联系。

伙伴营销运用的标志是买卖双方之间的联系(自动联系或非自动联系)。生产商的销售人员充当经销商的顾问(而不仅是获取订单)，寻求解决纠纷的办法，提供增值服务；渠道成员责任共担(如建立零库存管理体制)，以及重视长期关系(如生产商帮助经销商制定分销计划)。

生产商与经销商这种"共事利润、相互信任、互相尊重、经常联系、诚实反馈、互相合作、灵活多样、相互理解"的合作关系是最完美的合作关系，也是达到双赢的惟一正确途径。

3. "选婿"三步走，称心又满意

经销商的选择是一次重要而又复杂的工作，它关系到制造商的发展，关系到制造商的前途。因此，制造商在选择经销商时，必须有周密的准备，制定好的方针和政策，一步一步落实，必能选到称心如意的经销商。

有一些制造商把选择经销商当作一场赌博，认为成功离自己很遥远，怀疑自己是否足够聪明，怀疑环境对自己是否没有阻碍等。怀疑只能使制造商停顿不前，虚度了时间，消耗了精力。惟有坚强自信，朝着目标一步步前进的制造商，才会达到目的。我们把制造商选择经销商的过程分解为三步，当制造商严格做好每一步工作后，称心满意的经销商必定可以找到。

（1）有"婿"可选才能挑

获得经销商的途径有两种：一是从内部获得，二是从外部获得。

对于有营销经验的制造商来讲，尤其对于拥有独立销售队伍的制造商来讲，足不出厂就可以获得大量的候选经销商名单。通过制造商活跃在批发和零售层面上的销售队伍，通过多年与现有经销商的接触和交往，他们更了解在某些地区有哪些出色的经销商。因此，销售经理应该尽量通过销售人员的介绍来获得经销商名单。

当然，除了现场销售人员，制造商还可以通过发动内部人力资源的关系网络来获得经销商名单。有时候，制造商内部的某些成员由于来自不同地区，可能对该区域经销商的情况比较了解，通过他们获得潜在经销商的名单也是可取的。当然，这些信息必须通过分析、调查、整理以后才可以用。

对于没有销售经历或销售队伍的制造商来讲，也有很多可以利用的外部途径，如行业协会、商会，贸易展览或交易会，广告，经销商征询，客户，互联网。

（2）摸清"姑爷"底细，以企业家型的经销商为首选

许多制造商的成功经验说明了这样一个基本道理：明确选择经销商的目标和原则，并且做好深入细致的调查研究工作，全面了解每一个将被选择的经销商是选择经销商的起点和前提条件。所谓不了解就谈不上选择。

大量的经销商资料应当来自于制造商的市场调查，而不是对方的自我介绍，尤其是在选择长期合作伙伴的时候。制造商必须弄清楚经销商规模如何，发展潜力有多大，有没有一定的经营管理理念，是否主动推销产品，促销、物流、服务是否到位。

制造商最应该青睐企业家型的经销商。企业家型的经销商与一般经销商的区别有两点：

1. 企业家型的经销商把商业当作事业来做，而一般的经销商只是当作生意来做；对企业家型的经销商来说，利润是未来的成本，赚来的钱将会投入扩大再经营过程中。而对一般的经销商来说，利润是未来消费的资本。

2. 经销商做生意是为了赚钱，要赚钱就得全身心地投入。但赚钱以后怎么办？对企业家型的经销商来说，赚钱是为了把事业继续做大，事业越大，工作越辛苦。而对普通的经销商来说，赚钱不是为了继续吃苦，有了钱不享受，要钱干什么？这是人性的弱点。制造商毫无疑问应选择那些克服了人性弱点的人，即企业家型经销商。

（3）备选"女婿"挨个谈，互选共建合作路

在了解的基础上，要确定准经销商候选人的名单。在确定准经销商后，制造商要对拟选经销商的市场准备投入的资源做好计划。通过

谈判促成其合作意愿，签订经销协议，共同开发市场。

选择经销商的过程，也是经销商选择制造商的过程，是一种双向选择的过程。事实证明：具有良好产品形象的大制造商比较容易得到大量的经销商，像宝洁、耐克、李宁等制造商。而另外一些没有特别声誉和威望的制造商却很难找到经销商，有时甚至是恳求经销商，被一些大经销商牵着鼻子走。

使经销商与生产商合作的最根本因素是经济利益。一个想成为经销商的成员，他第一个会想到的是"我将会得多少利益"。因此，在与准经销商进行谈判时，生产制造商一定要向其描述加盟本制造商将会有怎样的利益，有如何大的发展前途，以及对经销商强大的支持。对利益的描绘越具体、详细，就越容易吸引并让其成为你的经销商。当然，谈判当中除了突出巨大的利润、市场空间之外，还要突出双方合作的关系和意愿。

需要强调的是，制造商选择经销商是一个长期过程，但如果制造商对选择的经销商不满意的话，要迅速淘汰，不要等到市场处于"夹生"状态才淘汰经销商。否则，会使制造商处于不利的地位。寻找经销商的过程就像是一个恋爱的过程，为了将来打算，多做一些准备工作总是有益的。

4. 支援经销商，有舍才有得

制造商与经销商的关系，就像一场永不谢幕的恋爱。整个过程中的博弈充满着变数和风险。经销商由于各处独立的经济利益而发生低价竞售等现象，"有奶便是娘"成为了许多经销商的行事准则。对于这些经销商，制造商要及时加以控制及管理，以保证销售畅通。

而对于那些缺乏积极性的经销商，制造商要经常督促，并对他们进行有效的支援，用于提高他们的销售业绩与销售积极性，将他们拉拢到自己身边，才能收获更多的利益。

（1）辅导经销商，稳赚不赔有奥秘

制造商几乎每天都向市场推出成熟或不成熟的新产品，各种形式的招商广告铺天盖地，各种各样的承诺一个比一个诱人；另一方面，大量的经销商在经历了账面资金不断缩水的教训后，面对五花八门充满诱惑的招商广告，依然捂紧并不膨胀的口袋，迫使制造商大量的招商广告只赚眼球无法镀金。

然而，制造商对经销商进行辅导，对于提高经销商的经营能力及销售能力会起到有力的帮助，也符合经销商的现实需求。因此，对制造商来说，辅导经销商绝不是一时的流行性活动，不可以盲目追求流行的心理活动，从事毫无主见的辅导活动。它是制造商长期的市场活动中不可或缺的重要活动。

任何商人都不会做赔本的买卖，制造商也不例外。制造商投入大量的金钱和时间，为的就是从经销商那里得到更大的收获。那么制造商都能在哪些方面得到收获呢？

①可增加销售收入。对经销商加以适当的辅导可以增强经销商的销售能力和经营能力，保持销售通路畅通，必定会促进经销商产品销量，增加销售收入。

②可防止滥卖，亦可避免价格政策的崩溃。制造商对经销商辅导的同时，可以加强对经销商的监管，防止经销商低价竞卖、窜货倒货等现象。保证严格的级差价格体系，维持制造商价格体系。

③可实现有计划的推销工作。制造商在开拓市场初期，必定会对产品的总体销量有一个战略计划，当然也会对经销商区域设置，以及设置经销商区域的市场销量有一个预估。制造商对经销商加以辅导，能够确保销售计划的顺利实现。

④可节省商品销售成本。制造商对经销商辅导的同时，可以更好地实现制造商内部资源的有效配置，如物力、人力、财力以利开拓市场，达到节省销售成本的目的。

⑤可增加销售利润。

⑥可推进"完全销售"。

（2）支援经销商，"舍"、"得"之道

舍得舍得，有舍才有得。制造商只有舍得人力、物力支援经销商，才能获得更大利润。雪中送炭方显帮助之及时，制造商在对经销商进行支援时，要想取得预期的效果，必须要把握好对经销商支援的时机。要寻找口渴送水的时机，一个小小的帮助就会起到事半功倍的效果。那么，在什么时机向经销商提供支援能达到这样的效果呢？

①经销商和制造商刚刚签署合作意向时，制造商要在销售政策方面尽最大可能地对经销商给予支持，例如产品价格、折扣或返利、奖励政策、广告促销支持以及其他方面支持等应尽量减少经销商投资风险。这样，才能使经销商放心和你合作，毕竟能赚钱又不冒风险的事儿对谁来说都是一大诱惑。

②市场开发期。在新市场开发时期，一切工作都是从头开始，难

度很大。同时市场开发阶段需要采取一定的策略和大量的人、财、物投入。制造商如果不给予经销商一定的支持，经销商很难凭自身的实力顺利完成销售工作。

③经销商经营出现困难时。"天有不测风云，人有旦夕祸福"。经销商经营也有好有差，制造商在经销商出现困难时可以考虑向其提供支援。比如仓库失火、货物被盗、与合作伙伴分家等情况。制造商这时出手帮忙就等于"雪中送炭"。一旦经销商生意步入正轨，就会对制造商感激不尽，即使竞争对手给其再优惠的条件，他也不会动摇。

④竞争对手有促销活动时。每一个市场都有很多竞争对手，市场的竞争通常是很激烈的，所以当竞争对手开展促销活动，尤其是一些力度比较大的促销活动时，制造商为了稳定市场局面，可以给予经销商一定的支持，也开展一些相应的活动进行抵御竞争产品的攻击。

⑤特殊时间。如销售淡季、制造商周年庆祝、经销商店庆等，制造商都可以给经销商适当的支援。

（3）培训路 = 成功路

除了为经销商提供一些物质方面的支援以外，对他们进行有效的培训也是一项非常见效的支援方法。对经销商进行培训的根本目的是为了建立厂商双方稳定、持久合作的战略伙伴关系。通过对经销商的培训可以统一渠道政策，规范服务标准，扩大制造商产品的销量，增强经销商对制造商的信任度。同时，通过培训帮助经销商提高其赚钱能力，提升其营销水准，这是一种双赢的策略。

对经销商的培训要注意讲求科学的方法，才能起到很明显的效果。如果轰轰烈烈地培训了一场，钱也花了，时间也费了，却起不到相关的作用，那么别说是经销商，就是制造商自己也会心灰意冷。对经销商培训的效果，是制造商对经销商培训能否顺利持久实施，并取得预期目的的关键。

对制造商来说，经销商培训是一个持久的过程，制造商在市场经营过程中，要善于及时发现问题总结经验，定期组织培训，贯彻制造商的营销思想,让经销商始终与自己保持一条心。这样,才能保证制造商营销思想和政策得到不打折扣的挫折,保证制造商营销渠道的稳定性。总而言之,对经销商多一份支援,在销售过程中就会多一份推销力量、多一份收获。

第十七章 管好经销商 玩转营销力

第十八章　化解回款风险，达到百分百回款率

　　大部分企业为了完成销售业绩常会采取赊销方式进行销售，若不能保证及时、全额回款，给企业带来的麻烦是不容忽视的。赊销固然能使企业获得利润，但未能使企业的现金真正增加，反而使企业运用有限的流动资金来垫付各种税金与费用，加速了企业的现金流出，影响了企业资金循环。大量资金在生产环节上滞留，致使企业现金紧张，虚增了当期利润，也对企业财务状况产生了很深的影响。因此，必须加强对应收账款的管理，及时化解回款风险。

1. 完美回款策略，规避回款风险

现在许多企业都已建立了相应的账款回收管理机制，但是仍难免遇上呆坏账，主要原因在于缺少管理的系统性和科学性，根本没有一个明确的回款策略，这样当然无法保证回款的高效率。

（1）明确策略。

面对回款难的问题，厂家、商家讨账时怪招、奇招，甚至损招用尽，到头来仍然是呆账、坏账一大堆。轻则经营状况一蹶不振、企业元气大伤；重则债务缠身，破产关门。厂家与经销商由合作之初的礼让有加变成后来的刀棍相见；经销商与零售商由原来的座上宾沦为陌路客的情况在营销活动中可谓屡见不鲜。原因在于：货销出去了，款却没收回来。因此化解回款的策略在回款中就越发重要了。

（2）制造商层层"把关"，经销商服服帖帖

首先，要把好"合同关"。经销商一旦确定好后，厂家不要忙着发货。应该对经销商资信状况进行调查评估，确定经销商的信用限度。最好让其提供第三者（或上级单位）担保，并对其担保书办理公证手续，或者让其预付一定的风险抵押金，并将这些条款在合同中明确。

如果这些"把关条款"流于形式，或者在以后的执行过程中不重视，或者想当然地认为已经合作多年彼此很放心了而不去认真执行这些条款，必将增大应收款的风险。"先小人，后君子"，把"丑话"说在前面，将为自己企业出现"资金风险"时争取主动，并能有效降低损失程度。

其次，厂家财务部门和销售部门搞好配合，把好"发货关"。合同条款规定"送二结一"的回款政策,第一批货的款不到账就不急着发第二批货,并根据经销商实际销售额动态调整信用额度和信用周期。使经销商少量多次地进货,厂商多次少量地收款。这样做也可以有效降低坏账的损失程度。

最后,要让厂商销售人员把好"监督关"。无风不起浪,一般情况下应收款出问题前会有一些显性的征兆。当经销商出现下列情况时就要提高警惕了:

①与同期比较经销商销量大幅度下滑。

②经销商进货的时间间隔拉大,如:以前是一个月进四次货,现在是一个月只进一次货。

③经销商出现财务纠纷和发生重大变故,如:重病、车祸、经销商负责人发生变更等。

④经销商超期压货,欠款超过公司对他的授信额度。

在出现以上情况之一时,销售人员应该给予足够的关注并提高警惕。应该即刻调查情况,分析原因,并找出解决问题的方法,将问题消灭在萌芽状态以防止问题的扩大。很多坏账风险是由于厂家销售人员责任心不强造成的。有的企业采取对销售人员进行收款技巧的培训并和一线收款人员签订货款回笼合约等,这也不失为一种防患于未然的"把关"措施。

(3) 忽视过程管理,埋下死账、坏账隐患

由于厂商在与经销商合作初期把关不严或厂家的销售人员责任心不强,难免会为以后可能发生的坏账埋下伏笔。如果从一开始就加强对销售回款的过程管理,将会有效地降低回款风险。

企业可以根据销售报表以及经销商的信用等级,适时地调整经销商的发货数,即使在销售旺季和促销活动中一时要为经销商提供1～2月的货物周转量,也只能偶尔为之,不应该就此成为常例。一旦经销商有反常行为也好紧急刹车,为后续的财务处理工作赢得时间。货款回收工作应该是销售工作的核心,特别是销售人员,应该时刻关注经

销商压货数。

因此，要想真正降低回款风险，就不要忽视对经销商的过程管理。

（4）"创新"回款策略，降低回款风险

企业在开发新市场时，常常有些左右为难。对经销商铺货，担心货款不安全；与新经销商是初次打交道让所有厂家都不得不防；如果让经销商现款提货又找不出足于说服他们的理由。特别是一些产品不甚知名的中小企业，往往会面临进退两难的局面。这就需要厂商开动脑筋并结合市场实际和自身产品情况搞搞"创新"。

（5）"十六字方针"追回款，让经销商无处可遁

伴随着收款工作难度的增加，各式各样的"收款""讨债"公司也应运而生，并有自己的生存办法。无怪乎人们都说，收账是门"技术"活。通常这些公司采取的收账策略主要是"游击"策略。这点我们可以引用一下"敌进我退、敌驻我扰、敌疲我打、敌退我追"。

"敌进我退"：对于的确是一时资金周转不灵的经销商，在催款时应要求对方承诺回款的确切日期，并相应减少供货、或者停止供货。在收款日期一定要拜访，即使出纳不在，也应该尽可能地要求支付。

"敌驻我扰"：对于付账不干脆的经销商，应该经常性的上门催收，电话催收，甚至蹲点守候，不达目的誓不收兵。

"敌疲我打"：对于赖账型的经销商，应该将导致麻烦的话率先说出来，不听对方的解释或说明苦衷，以免落入对方圈套。尽量和上一级主管同行，要求对方核对账目，并在相关单据上签字盖章，为最坏情况的发生做好一切准备。

"敌退我追"：经销商往往不敢面对成群的债权人。他们通常的策略就是一个字"躲"，比如常常不在办公室。这时就要花点气力，比比耐心了。往往是那些有恒心的销售人员最先结到款。因为，经销商不可能老躲着不见人，只要碰上了，一般是能结到款的。还有一个问题就是账龄不要拖长，时间越久，货款就越难收到。

另一个问题就是有些厂家有种收多少算多少的心理。常常要求经

销商先付一部分款，而最终却导致了不能全额收款的结局。

　　回款是一项需要从订货到发货再到回款全程监督的事情，为了推动回款工作的开展，企业首先就要重视正确的回款策略的制定，毕竟只有自定了最完美回款策略，才能最大限度地回避回款风险。

2. 察己克己，加强回款目标化管理

许多厂家都抱怨自己的客户很赖皮，用尽各种办法就是不还欠款。殊不知这其中有的"回款难"却不是由客户一方的原因造成，还与销售单位或厂家对回款问题的重视程度有很大的关系。因此，在回款问题上厂家或销售单位一定要善于从自身找原因，察己克己，对欠款的客户和回款目标做出正确的目标评估才能产生最佳效果。

（1）销售、回款两手抓，两手都要"硬"

销售是回款的前提，然而只有销售业绩却没有回款的企业，与销售额不高的企业取得的利润几乎是等效的。因此，企业应该将销售与回款两项内容拿到同等重要的位置来对待。道理虽然是这样的，但在实际的执行中，往往许多企业很难将它们有机地统一起来。有时候，销售部门强调销售额；有时候，销售部门又特别强调回款额。这两种不同的态度，会带来不同时期销售政策的变化。虽然这种情况可能根源于外部因素的制约，但从销售部门自身去寻找，则是基本的管理观念问题。也就是说，在销售与回款工作上，销售部门很可能缺乏一种通盘的考虑，一种始终一致的战略导向。

我们对一般企业存在的对销售与回款的态度进行了分析，大体上有以下四种类型为导向的态度左右着企业的销售与回款两大问题：

①消极导向型。在某些时候，企业可能基于环境或体制的影响，也可能是销售上管理的能力所限，致使销售和回款都难以在销售工作中给予足够的重视。这种行为导向显然并不可取，但事实上存在，企

业必须认真分析其中的原因，并寻找解决问题的适宜方式。

②销售主导型。这是指在具体的销售政策或销售管理中，重视销售额的提升而轻视回款工作，特别是在企业尽力扩大市场占有率时尤为突出。在面对剧烈的竞争环境时，一些企业甚至把延缓回款时限、降低回款要求作为促销手段，难免对以后的回款工作带来影响。

③回款主导型。在某些时候，企业很可能基于外欠款项数额过大，或财务上的困难，而不得不把回款工作当作第一要务。而这样做的结果，又很容易导致销售额的急剧下降。

④战略导向型。这是一种较为理性化的态度，即在销售管理中把销售与回款看得同等重要，并通盘进行考虑。显然，此种导向有利于企业制定较为稳定的长远战略。

上述四种态度中，战略导向型应被视为最佳的选择，也是企业应当确立的回款工作的基本态度。只有将销售与回款放在同等重要的位置，对于企业的销售收入的增加才能起到积极作用。

(2) 目标管理，让回款线路更清晰

我们都知道，现在有许多企业对回款采取了目标管理，年度有目标，每个月都制定滚动计划目标。但是，一个月下来，很多一线销售人员的回款任务不能完成。很重要的一个原因就是，制定目标的过程中没有将任务真正的目标化。要知道在制定目标之前没有对任务进行正确的目标化管理，就如同打仗时进攻没有方向一样，根本无法取胜。

回款任务的目标化是回款管理工作的基础。正确地实施目标化，要求企业结合销售情况确定不同时期的回款目标，并把它写进每一个时期企业的销售计划中。一些企业的销售计划中通常只对销售额、市场占有率作出明确的规定，却忽视了对于回款任务的安排，显然不利于销售工作的开展。

我们可以举一个简单的例子来说明目标化管理的重要性：要知道大部分客户都有打折扣的回款习惯，如果预计客户可以回款10万元，在与客户谈时，就可以根据评估以及合理折扣向客户提出20万元的回款要求，客户讨价还价，一般都可以达成 15 万元的回款金额。

回款工作的目标化不仅意味着企业回款目标的确立，最关键的步骤是将企业总体的回款目标进行科学地分解，最终落实到每个销售人员身上。

（3）回款目的不明确，追回回款难上难

往常销售人员没能将回款目标化主要有多方面的原因作用的结果，他们经常性地追回款失败，主要是以下几方面没有搞清楚，只要让销售人员正确地将这几方面内容搞明白，回款目标化管理以及任务的实施将会更加顺利、有效。

第一方面，销售人员对欠款客户没有实施目标管理，缺乏有效的回款计划。

第二方面，销售人员一定要明白，工作措施是针对目标差距而来的，不是泛泛而谈的。

第三方面，销售人员没能让客户做出回款承诺是最主要的原因之一。

第四方面，销售人员对客户的承诺没有跟踪或跟踪不力是另一重要原因。

第五方面，销售人员对客户的要求过低是不容忽视的一个原因。

欠账还钱，天经地义。销售人员在回款过程中，一定要将目的弄明白，有了这样的回款态度，就可使客户养成定时、定量回款的习惯。从一开始做业务的时候就要形成这样的习惯，要知道，留给客户的第一印象很关键。

夜出的航船最希望看到的就是灯塔，因为只要朝着灯塔走就不会迷航。对于企业来说，回款最需要的就是目标，只要有了正确的目标，企业便可以通过积极的调整克服自身的不足，就能最大限度地保证回款金额，不至于影响到企业再生产及扩大生产的步伐。

3. 调查信用度，回款保障高

（1）信誉调查——防患于未然的回款秘诀

在赌博下注时，赌徒们往往是不假思索，在赌盘转动后，所有的人都屏声静气、心跳加速。殊不知，最关键的是下注前的判断。绝大多数企业都存在呆坏账的风险。如何防范这种风险，将风险发生的可能性降到最低点？合作前的信用调查是一种有效的手段。

防患于未然，在选择经销商的时候，为了避免以后收账的麻烦，事先要做好信用调查，确定经销商的信用标准。

信用标准是指顾客获得企业的交易信用所应具备的条件，或者从企业的角度来看，也可以说成是企业同意向顾客提供商业信用而提出的基本要求。最简单的一种信用标准是以预期的坏账损失率作为判别标准。如果企业的信用标准较严，则只对信誉很好、坏账损失率很低的顾客给予赊销，可以减少坏账损失，相应也会减少应收账款的机会成本，但这可能不利于扩大销售量，甚至会使销售量减少。反之，如果信用标准较宽，虽然会增加销售，但也会相应增加坏账损失和应收账款的机会成本。企业应根据具体情况进行权衡。

（2）搜集顾客信息，方便信誉调查

企业在设定某一顾客的信用标准时，如何才能准确地预期此顾客的坏账损失率呢？这就需要事先对顾客进行信用调查以及信用评价。因此，企业要做的就可以依步骤分成两个部分：正确地评价顾客的信用状况，然后合理地制定和执行企业的信用政策。为此，必须对顾客信用进行调查，搜集有关的信息资料。信用调查分为直接和间接两种。

直接调查是指调查人员与被调查者或相关的人员进行接触，通过谈话、观察、记录了解经销商的信用资料。对于列入候选名单的备选人的直接调查可以从以下几个方面着手：

①店面调查。了解顾客的店面装修、布置、商品摆放、库存量、服务态度、商品保存情况、独资或合伙、店员数量、店中气氛、客流量、顾客对该店的观感等。

②品德调查。从其亲友、同学、朋友、邻居、同事处打听店主或负责人的家庭状况、学历、专长、声望、品行、嗜好、兴趣、实际人物类型等。

③经营理念。包括经营方式、经营态度、敬业程度，是何种行业，是否有其他投资项目等？

④营业状况。从同行处打听其营业状况如何，从其他销售人员处了解其销售能力如何，营业额多大，付款能力及态度如何等。

⑤可靠度。客户是否是真正在经营而非虚设的公司？真正负责人是谁？开业已有多长时间了？企业性质(个体、私营、国有以及独资、合资)？经营实权所属？

⑥可信度：过去客户的付款情况如何？有无不良记录？

⑦采购的变化。采购进货厂家急速改变；订货额突然减少；原本向竞争企业的采购额全部转移到本公司；没有订货；毫无理由地突然增加订货额。

⑧营业上的变化。销售情形突然恶化；销售对象破产；销售对象大量退货；突然开始大量倾销；要求迅速出货；库存量锐增或锐减；出现不利于该客户的流言。

⑨员工变化。不断有人辞职；多数人抱怨不满；发生相当金额的透支；员工无精打采，工作态度恶劣；经营者的变化；插手毫不相关的业务，吹牛自夸。

间接调查是指通过对一些相关资料的收集和整理，从而获得企业的相关资料。这些资料可从以下几种方式获得：

①财务报表；

②信用评估机构；

③银行；

④其他（如财税部门、消费者协会、工商管理部门、企业的上级主管部门、证券交易部门等）。

（3）运用"客户信用调查表"，评定经销商的信用期限

根据信用调查，并设计"客户信用调查表"评估客户信用，根据评估得分，将客户划分成不同信用等级，区别不同等级的客户，采取不同的政策。

在评估等级方面，可以采用以下两种分类方法：

第一种是采用三类九级制(即把企业的信用情况分为AAA、AA、A、BBB、BB、B、CCC、CC、C九个等级，其中AAA为最优等级，C为最差等级)。

第二种采用三级制(即分成AAA、AA、A三个级别)。

企业可根据自己客户的多少灵活掌握。在此基础上，企业可以根据不同的信用等级，授予经销商相应的信用额度，从而确保货款的回收。

信用限额为未收回的应收账款余额的最高限度。公司假设超过该限额的应收账款为不可接受的风险，信用限额要根据公司所处的环境、业务经验及不同渠道的客户来确定。决定信用限额的关键因素有：付款历史、业务量、客户的偿还能力及其潜在发展机会。一旦确定了信用客户，该客户应该有销量的增长。

信用期限是企业允许经销商从购货到付款之间的时间，或者说是企业给予经销商的付款期限。例如，若某企业允许经销商在购货后的50天内付款，则信用期限为50天。信用期限过短，不足以吸引经销商，会使企业在竞争中销售额下降；信用期限放长，对销售额增加固然有利，但只顾及销售增长而盲目放宽信用期，所得的利益有时会被增长的费用抵消，甚至造成利润减少。因此，企业必须慎重研究，规定出恰当的信用期限。

信用期限的确定，主要是分析改变现行信用期限对收入和成本的影响。延长信用期限，会使销售额增加，产生有利影响；与此同时应收账款、收款费用和坏账损失增加，会产生不利的影响。当前者大于后者时，可以延长信用期限，否则不宜延长。缩短信用期限情况与此相反。

这里信用期限的分析方法是比较简略的，一般可以满足制定信用政策的需要。如有必要，也可以进行更详尽、细致的分析，如进一步考虑销售增加引起存货增加多占用的资金，以及在信用期限内提前付款给予现金折扣所造成的净销售额变化等。

现金折扣是在经销商提前付款的条件下，企业对经销商在商品价格上的优惠，其主要目的在于吸引经销商为享受优惠而提前付款，从而缩短企业的平均收款期。另外，现金折扣也能招揽一些视折扣为减价出售的经销商前来购货，借此扩大销售额。

企业采用现金折扣政策，首先要将其与信用期限结合起来考虑，不同的期限给予不同的折扣，以吸引经销商在最短的时间内付款。如何制定好厂家对各类经销商不同的信用控制额度和赊账信用期，这是厂家财务部门与销售部门相互配合的一个过程。其中应该牢记"严是爱，宽是害"这一重要原则，尽量用较小的信用度和较短的信用期限换得对经销商少量多次的进货，多次少量的收款，这样会更安全一些。同时，在签约时要求预付一定的押金，虽然不可能覆盖所有的赊账额度，但至少可以在以后发生问题时降低损失程度。

坏账的风险在许多情况下是由于厂家的销售人员起先未能把好关，或是由于销售人员责任心不强造成的。因此，除了加强对销售人员进行信用评估和收款方面的技巧培训外，与第一线涉及收款的销售人员签订货款回笼合约，也不失为一个防患于未然的主动措施。不能让经销商养成延期付款的习惯，除非有特殊的理由。如果不能按期付款的话，厂家理应不顾任何情面暂停供货，这样做，看上去厂家会损失一定的销量，其实，这点销量所带来的利润将远远低于坏账可能会引起的损失。

4. 运用非凡手段，获得 100% 回款率

产品好卖，货款难收，其实有很大一部分货款并不是想像中那样难收，这里面有很大一部分原因在于回款人员的方法或手段比较单一，态度方面也欠考虑。只要我们能够熟练地运用一些在回款方面的非凡手段，将账款收回的数额提升 99% 左右也不是没有可能的。

（1）谨守"六字真言"，回款指日可待

六字真言包括："预""快""勤""缠""通""变"。

"预"：也就是未雨绸缪。回款开始于销售之前，与其在应收账款追讨上耗费精力，不如在经销商信用发放上早下功夫！

"快"：债务发生后，要立即要账。据英国专家波特·爱得华研究：赊销在 60 天之内，要回的可能性接近 100%；在 100 天之内，要回的可能性为 80%；在 180 天之内，要回的可能性为 50%；超过 12 个月，要回的可能性为 10%。另据国外专门负责收款的机构研究表明，账款逾期时间与平均收款成功率成反比，账款逾期 6 个月以内应是最佳的收款时机，如果欠款拖至一年以上，成功率仅为 26.6%，超过两年以上的，成功率则只有 13.6%。

"勤"：经常要账。对那些不会爽快付款的经销商，如果你要账时太容易被打发，经销商就不会将还款放在心上，他反而会觉得这笔款对你不太重要，能拖多久就拖多久。你经常要账会使得经销商很难再找到拖欠的理由，不得不还你的账款。

"缠"：对某些总想方设法不还款的客户，一定要有不达目的不

罢休的精神。注意，这种方法也许比较低级，但你不必为此心存愧疚，这叫"以恶制恶"。在追回账款后，马上对其停止赊销。

"通"：就是变通。有时经销商并不是存心要赖账。这时你就要想一些变通的方法。如：在你找经销商收款前，先要了解到客户的经营困难，利用自己的优势，帮助客户分析市场，策划促销方案等，以自己的诚心和服务打动经销商。同时，客观上也能帮助经销商提升经营能力及还款的能力。

"变"：经销商没有好坏，只有不同，不同的经销商用不同的讨债方法，前提就是你应对这位经销商尽可能多的了解，掌握与他有关的一切资料。

(2) 追款技巧五花八门，择其"善者"而从之

至于追款的技巧，可以说是五花八门，各有微妙。下面是几种比较实用的技巧：

①设法挤进"头班车"。如果企业没有抓住客户的进货规律和各种周期，企业的业务人员每次去收款自然就会十分被动。现实中企业发给经销商的商品计划的货款回笼周期已到，企业的业务人员在向经销代理商(批发商)提出结款时，往往得到的回答是"这两天资金周转不灵，能不能过几天再说"。

在客户的仓库里，本企业的货物库存不多时，就该再进货了。当企业业务人员上门洽谈时，得到的答案极有可能是"进货可以，但现在我账户上的资金不足，要到下月初才能支付上一笔货款，请帮一下忙"。

企业的销售人员每次去经销商处收款，总是"不巧"，不是经销商账上的钱刚好给别的公司拿走了，就是经销商已经开出去了好几张期票，其财务不敢再开期票了。所以，要尽可能地全面了解经销、代理商(批发商)的经营状况、进货周期、结账周期。关键是，你要每次比其他生产企业能领先一步拿到应收的账款。因为大多数经销商的资金周转都不会十分宽松，你能挤进头班车，其他企业的业务人员只能

等下一班车了。

②抓住机会，利用第三者。登门催款时，不要看到客户处有另外的客人就走开，一定要说明来意，专门在旁边等候，这本身就是一种很有效的催款方式。因为客户不希望他的客人看到债主登门，这样做会搞砸他别的生意，或者在亲朋好友面前没有面子。在这种情况下，只要所欠不多，一般会赶快还款，打发你了事。

收款人员在旁边等候的时候，还可听听客户与其客人交谈的内容，并观察对方内部的情况，也可找机会从对方员工口中了解对方现状到底如何，说不定你会有所收获。

此外，寻找第三者担保也不失为一种好的方法。企业可以要求你的客户在与你发生货款往来之前，寻找第三者（或上级单位）担保，最好其担保书能伴以相应的公证手续。这样做，至少在未来发生货款纠纷时，你可以找到一位相关的债务人。同时，这对客户本身来说也是一种约束行为。

③以诚待人，培养与经销商的感情。有时候，为了完成销量及回笼货款这两个指标，个别企业的业务人员通过耍小聪明，骗取经销商的信任，轻松收到了某一笔货款。这样做可能一时会奏效，但等经销商觉醒过来，业务人员以后的收款工作就会异常困难了。

要养成"说到做到"的好习惯。在与经销商平时的交往中，就做出规矩："我决不食言，你也应说话算数。"虽然开始时，其动机不一定完全是为了货款，但当你真正涉及到收款时，对经销商就是一种无形的压力。反之，如果一些企业的业务人员自己经常食言，那么经销商也会比较势利地来对待你。

④事前催收。对于支付货款不干脆的客户，如果只是在约定的收款日期前往，一般情况下收不到货款，必须在事前就催收。

事前上门催收时要确认对方所欠金额，并告诉他下次收款日一定准时前来，请他事先准备好这些款项。这样做，一定比收款日当天来催讨要有效得多。如果距离远，可事先通过电话催收，确认对方所欠金额，并告知收款日前来的准确时间，或者把催款单邮寄给对方，请他签字确认后再寄回。

⑤以彼之道，还施彼身。如果明知某经销商的作风是存在问题的，但由于种种原因，而不得不与其发生货款往来，为了安全起见，可以易货交易的方式实行赊账，即：你在给他货的同时，或者你自己，或者委托其他可信任的经销商，再从其处赊销相应价值的其他商品以作防范。记住：对于心术不正的经销商，你如果期望通过"勤劳而获利"的教育来感化他，那完全是枉费心机。

如果你已经被这类客户套牢，最好的办法是以其人之道还治其人之身，即以虚对虚、真真假假，关键是不能让其感觉出你已经完全了解其真实意图，以松懈其防备心理，甚至可以适当地让他尝到你的糊涂行为所带来的利益，一旦时机成熟，收回货款后还是敬而远之为好。

追款的技巧五花八门，最重要的就是要根据实际情况灵活运用，回款率将会得到不同程度的提高，一旦能够运用好这些非凡手段，达到99%的回款率大有可能。显然追款技巧总是末流，企业如果能在源头上下功夫，将种种造成回款难的可能扼杀于萌芽之时，方是上策。

第四篇　失误致败：
没有留出过冬的粮食就会成为历史

在当前危机的挑战下，危机预防和处理中出现的各种失误，其产生的原因，往往是各种危机管理原则执行不力所致。总结一下现代企业兴衰成败的发展史，可以看到，很多企业之所以危机重重，之所以破产倒闭，最致命的原因都是因为种种失误所造成的。失误是企业最大的浪费。因此，企业应有效地避免危机管理过程中可能发生的各种失误。

第十九章 决策失误

企业的人、财、物等资源投向何处，如何整合这些资源，使其发挥最大效用。一个企业从产生、发展，到扩张的每一个阶段中都离不开决策，为何有些看起来不起眼的企业，一跃而成为闪亮的明星？又为何同样是红红火火的企业，一时间成为昨夜星辰？决策使然。

管理决定未来

1. 决策失误是企业经营中最大的浪费

决策上失之毫厘，经营上就会耗费千万。

企业决策是一个企业管理工作中的核心工作。决策的正误，关系重大。只有决策工作做好了，企业的发展才会有可靠的保证。美国学者彼·马文曾经做过这样一个调查，他向一些企业的高层管理者提出以下三个问题：

你认为你每天最重要的事情是什么？

你每天在哪些方面花的时间最多？

你在履行你的职责时感到最困难的是什么事？

结果90%以上的回答都是决策。由此可见，企业决策是企业领导者、经营者的中心工作。

当一项重大的决策发生错误时，其经济损失常常是无法挽回的，因而给企业的打击也是致命的。

2001年10月，总部设在美国马萨诸塞州的宝丽莱(Polard)公司，向美国破产法庭递交了破产保护申请。此消息令全世界哗然，要知道宝丽莱公司可是美国乃至全球近50多年来一直都深受人们欢迎的公司。宝丽莱是怎样从辉煌走向破产的呢？主要的原因就在于决策的多次失误。这里举两个例子：

第一个事例是1988年的回购决策。当时，利润稳定增长的宝丽莱公司股票被一个叫"沙洛克"的投资公司恶意收购。面对来势汹汹的对手，宝丽莱的决策者制定了大量回购策略。在手中资金不足的情况下，宝丽莱公司向银行贷款数十亿美元，另外又发行了数以亿计的企业债券。一场恶战下来，宝丽莱公司损失惨重，走上了下坡路。

另一例是20世纪90年代初，数码技术开始蚕食胶片影像市场，宝丽莱没有及时介入家庭图像冲洗业务，相反把重点转向市场狭窄的医疗成像技术，投入大量的人力、财力，而此项技术尚未成熟之前，柯达公司从3M公司手中收购了类似技术，加以改进并迅速占领了市场，把宝丽莱挤了出去。

种种决策的失误，最终导致了宝丽莱的破产。

近几年来，除了宝丽莱公司破产外，还有众多破产案引起了全世界的震惊。比如瑞士航空——一个让瑞士人引以为豪的公司，又比如安然——一个位列全球500强第七位的超级大公司，都是在21世纪刚刚开始之际，就接二连三地轰然倒地。人们不禁要问：这是为什么？决策的不谨慎是其首要原因。应当从中吸取充分的教训，绝不能因决策的错误而葬送了企业的大好前途。

就企业而言，从决策的角度分析，将决策上升到企业生死存亡的高度来认识，从而进行宏观的规划和控制，才能为企业赢得最大的利润和更广阔的发展空间。

2. 个人决策的危险性

创业者在创业之初都是靠自己的直觉作决策，凭借自身的能力和良好的外部环境把企业做到了千万级规模。可是当企业扩展之后，企业的决策机制并没有实现科学化和民主化，很多重大决策还是老总一个人说了算，就是我们常说的"一言堂"。这种现象在家族式的企业中表现得更加明显。

人不是万能的，如果还是采用原来的决策机制，不发挥民主决策的作用，不借用外脑，那么企业必定会有很多决策失误的地方。如果错误出在一些关键的投资决策当中，那么这个企业可能就因为这一个失误而一蹶不振了。讨论失败是为了从失败中吸取教训，也许只有经历了失败，企业管理者才会成熟起来，但我们希望他们更多地"学习"别人的失败，而不是去重蹈覆辙，否则，整个社会将付出的代价是不可估量的。

改革开放三十多年来，涌现出诸多创造"致富神话"的民营企业家，但近年不少已经烟消云散。曾经创建珠海巨人集团的史玉柱、安徽"傻子瓜子"老板年广久、爱多VCD公司总裁胡志标等，都是曾经红透全国的民营企业家风云人物，如今或破产，或外逃，或负债累累，或偃旗息鼓。为什么中国的这些民营企业总是呈现"各领风骚两三年"的抛物线式发展轨迹？改革开放之初出现的首批民营"企业家"为何屡屡中箭落马？

从浅层看，首先是他们缺少现代经营理念，却寄希望于赌博式的成功。在中国新兴市场出现的时期，不少民营企业多是靠抓住一两个拳头产品发迹，看准一个市场空当，然后在市场促销上大做文章，一朝成名天下知。这种赌博式的成功渐渐成为企业家的一种思维定式，在决策时就带有极强的赌博性。

由于缺乏坚实的生产和市场基础，往往来得容易、去得更快。

广东爱多 VCD 公司以每年数亿元人民币的广告费成为中央电视台两届"标王"，影响极大，但庞大的广告费没有市场支撑，最后落得经营困难重重。"一朝赌可以，不能天天赌"，否则歧路当正途，只能"光着屁股创业，脱了裤子回家"。

南德集团前董事长牟其中当年以积压商品换回前苏联的飞机，有其创天下之先的勇气，但也应该看到的是，前苏联的解体帮了牟其中解决国际贸易中的互信问题，否则这种"空手道"是玩不转的。这种偶然并不是必然，不能够成为经营的一贯理念。

从中层看，他们在起家之后，更留恋于孤芳自赏，无法正确地认识客观环境和成功所在。由于体制转换时期出现诸多灰色地带，也是权力与金钱交易的沃土。一夜之间成为新贵的企业家，财富积累得过于容易，外界的炒作，都使得他们容易口无遮拦，自我极度膨胀。牟其中曾宣称要在 2005 年使南德集团进入世界十强，如今已不见其人之踪影。

史玉柱在珠海建巨人大厦，施工中楼层相对初始设计不断增高，一定要刷新纪录，结果资金短缺，中途下马。其在保健品市场衰退之时，仍推出数十种保健品，号称要"让一亿人先聪明起来！"济南三株保健口服液成功推出后，就宣布将用毛泽东思想来指导经营，将全国划分为四大战区，设类似"国家军委"的机构来占领全国市场。

一些人也摆脱不了《水浒传》中的"宋江情结"，经济地位一高，总想也披上政治光环，"背靠大树"，工商联、政协、人大都要名列其中，口气更是大了许多。当年天津警方要到大邱庄逮捕犯罪嫌疑人，竟遭到禹作敏派人阻挠。牟其中、史玉柱等也都曾是"改革风云人物"，但企业自身的漏洞、人才结构失调、决策缺乏科学依据等，却一直没有认真解决。

最后，从深层看，在中国走向完善成熟的经济制度过程之中，他们没有能够适时地转变自己，却试图继续游走在政策和制度的边缘，"打擦边球"，想用老办法解决新问题，这样的人，行百里易，行万里难。

第一代创业时的民营企业家大多已近中年，文化程度不高，成功后的优越环境和社会舆论、新闻媒体的吹捧炒作，使得他们形成独断专行的行事风格，极其个性化。排斥先进的管理观念和经营策略，他们更宁愿相信通过自己的直觉和经验来决策公司事务。无论如何，这些民营企业家的创业历程为中国企业的发展和渐趋成熟的市场经济制度提供了有益的经验和教训，同时也是经济转型所必然付出的代价。

3. 决策要充分估计市场的不确定性

成功的决策必然要为"变数"留有余地。

市场的多变性决定了企业决策的复杂性,并为企业正确决策增加了难度。决策时,必须要充分估计到这一情况。忽视了这一点,势必会给企业带来沉重的经济损失。

杜邦公司从20世纪30年代末期就开始着手研究多孔聚合薄膜,但是直到50年代,当鞋面市场上合成纤维和装饰材料开始受人们重视时,该项研究工作仍然没有取得任何实质性的进展。最后,公司终于开发出了透气合成革——以一种合成纤维材料做底衬,上面覆盖着多孔薄膜的双压合成革,被称为可发姆。

杜邦公司采取风险分析法对可发姆的市场潜力进行预测,结论是:由于可发姆是一种前所未有的优秀产品,势必带来强烈的需求,并且20年后随着皮革供应出现短缺,可发姆的需求量更会大大增加。

要用可发姆制造成品,必须解决龟裂、软化和硬化的问题。杜邦公司严格监督指定的高级制鞋商按要求做了少量的鞋子,让本公司的雇员试用。在得到绝大部分人的认可后,杜邦公司又将15 000双鞋交给消费者试用,结果仍旧令人振奋。

接下来要做的便是在市场上大张旗鼓地宣传。1963年10月,新产品登台亮相,1964年一年杜邦公司用于新产品推销的费用就高达200万美元。杜邦公司之所以肯下血本,是因为可发姆具备一些连真皮革也欠缺的优点。可发姆透气性好,曲直容易,不易变形,重量仅为皮革的1／3。此外它还防水，耐磨性极强，护理起来十分简单，只需用水一擦便又光洁如新。

由于可发姆制作的鞋款式非常新颖，广告宣传力度又强大无比，再加上杜邦公司原有的成熟销售网络，使可发姆鞋的前景看上去很美好。巧合的是，1965年美国皮革出口量剧增，导致国内市场皮革奇缺，价格飞涨，因此，一些传统的制鞋商开始试用可发姆作为制鞋原料。这种结果使杜邦公司为自己的正确决定而兴奋不已。

事实上，市场需求正在经历着微妙的变化，这种变化是因国内外一些条件的变动所引起的。

首先，市场需求转向品种多样化、光洁度高、更具吸引力的新产品，杜邦公司为了满足这种需求，对可发姆的精加工颇费了一些心思，由此导致成品的费用也在增加，大大超过预算和消费者的承受能力。所以市场对可发姆的态度也随着皮鞋价格的涨跌而忽热忽冷。

尽管可发姆具有皮革所欠缺的一些优点，但同时也存在一些缺点。譬如可发姆的透气性虽然好，但做成鞋穿在脚上仍然感到闷脚；尽管可发姆耐磨性好，但其弹性仍比皮革稍逊一筹，令穿着者时常抱怨鞋太紧。

再有就是以乙烯基纤维革做鞋面料呈现上升趋势，这种面料外观极像皮革，价格比可发姆低了将近一半，而且花色和图案也相当繁多，消费者挑选余地大。乙烯基纤维面料鞋比可发姆问世更早，市场相对要成熟一些。

为了降低可发姆的售价，杜邦公司花了整整两年时间采取一系列措施降低成本，但由于生产上遇到的种种困难，产量仍旧上不去。到了1968年，可发姆的生产和销售达到了顶峰。但这并不是一个好兆头，因为制革工艺的不断改善，一些制作精良、手感柔韧、穿着透气、弹性极好的皮革面料不断涌现，加上乙烯基纤维面料鞋大受欢迎，使得可发姆的销售不断下滑。

为了改变市场上的不利局面，杜邦公司于1970年10月又推出了第二代合成革，原指望借此恢复过去的市场份额，没想到结果却出人意料。日本人将一种质优价廉的合成革投放到市场，给杜邦公司迎头一击。乙烯基纤维面料将售价降低至合成革价格的 1／3～1／5。因此杜邦公司最初所希望出现的市场巨大需求永远也不会再来了。

在 1964～1971 年的 7 年间，杜邦公司面临着将近 1 亿美元的亏损。1971 年 4 月 14 日，公司总裁查尔斯果断地向股东们宣布，杜邦公司从此放弃可发姆的生产。

杜邦公司为一项错误的决策，付出了上亿美元的代价。如此惊人的损失，假若决策开始时充分地论证，结合实际分析，对困难做最充分的准备，也许结果不会是这样。然而，历史是不可以假设的。"凡事预则立，不预则废"。从节约的角度考虑，保证企业的根本利益，增加企业的利润，一定要紧紧抓住决策的关键龙头。否则，悔之晚矣。

4. 科学决策的关键是遵循正确的原则

盲目地决策往往导致惊人的浪费。企业决策的失误，首先是背离了正确的决策原则。这样的决策一旦确定了，必会给企业带来不可估量的损失。

因此，决策一定要遵循科学的决策原则。企业在进行决策的过程中，遵循这些原则就可以增加企业决策的准确性、高效性、协调性，可以减少企业决策的失误、降低因为决策失误造成的损失。

（1）求实原则

决策，特别是重大决策的制定，必须经过深入、充分、全面的调查研究。没有调查研究，就没有市场发言权；没有调查研究，就没有企业决策权。这是一个基本的决策原则。当然，调查研究的方式、方法是多种多样的。

成功的企业决策绝对离不开深入、细致的调查研究。小的公司作决策需要调查研究，大的现代化企业作决策更需要调查研究。

实践证明，一些著名的企业在发展中实施的成功决策，都是以充分、深入、细致、实事求是的调查研究为基础的。

（2）民主原则

这一原则包括两个方面：一是为广大员工提供充分参与决策的权力和途径；二是实行集体决策。

员工参与企业决策，一方面可以有效地提高员工的工作积极性，另一方面可以为企业的发展献计献策。企业经营者也可以通过员工参与决策这一形式，了解员工的要求与动向，为制定和实施企业决策打下良好的基础。决策民主化还要求，在企业进行决策时，领导班子要集体进行充分讨论，领导班子的每一个成员都要对决策方案进行认真评价，从可行方面提出分析，从不可行方面反复提出问题；对备选方案进行选择时采用逐一淘汰法、无记名表决法、偏好顺序表决法等方法，体现集体决断的原则。

民主决策为什么是必需的？因为"三个臭皮匠，胜过诸葛亮"，因为"众人拾柴火焰高"。集思广益的决策往往是最经济、最节省成本的决策。

其效果主要表现在：

其一，从企业的发展来看，民主可以防止重大决策失误的出现；

其二，民主可以获得最有效的决策信息，使企业的发展获得职工的力量支持；

其三，民主可以使决策得到最大可能的方方面面的支持。

企业决策既要遵循决策的科学规律，又要遵循科学的决策程序。按照科学规律办事，是企业进行决策最起码的要求。违背了科学规律，企业决策就会遭受失败。同时，企业决策还应遵循决策程序的一般要求。违反决策的科学程序，企业决策就很容易失误。

（3）面向市场原则

科学决策告诉我们，企业在研究决策时，一定要结合市场实际，从市场需要出发，从消费者的需要着手。可以把80/20法则运用到决策中，这一法则告诉决策者们：

企业80%的利润来自20%的客户。也就是说，少量的顾客为企业创造了大量的利润。每一个顾客对企业的利润影响是不同的，这就说明了企业不应该将销售的力度平均分摊在每一个客户身上，而应该充分关注重要客户，将有限的销售力量、资源用在能为企业创造80%利润的关键客户身上。

企业80%的利润来自20%的雇员。这就要求在实施薪酬与激励制度时，充分考虑 20% 核心人员的作用。对一个核心人员的成功激励所产生的效益，相当于成功激励 4 个一般员工。

企业 80% 的利润来自 20% 的投资。也就是说，选准这 20% 的投资领域极其重要。

青岛海尔集团，在近些年之所以能保持较高的盈利水平和发展速度，一个很重要的原因，就是在研究市场、开发新产品方面下功夫。海尔集团适应市场的逐渐细分化、个性化、地域化、人文化的客观要求，做出开发各种不同类型产品的决策。这种决策不断创造新市场，在创造中超越旧市场的局限、旧市场的思维习惯，完成一个又一个的引导市场的转变。

成功的决策需要贴近市场抓住机遇。我们古代的大思想家管子说过："不务天时，则财不生；不务地利，则仓廪不盈。"成功决策的基本要求就是把握市场的规律进行决策，根据市场的变化调整决策，根据市场的趋势实施决策。

（4）目标明确原则

决策是有目的的自觉活动，任何的决策都有明确的目标。目标性原则的内容是：确定企业 1 年、3 年、5 年或是 10 年的发展目标；以企业的长远发展目标来确定企业的战略决策方向，以企业的中、长期发展目标来确定企业战略决策的实质内容，以企业的短期发展目标来确定企业的战术决策，并把战术决策与战略决策的方向、战略决策的内容、战略决策的方法结合起来。所有的决策都应坚定不移地围绕企业的战略目标展开，背离这一目标的决策都应避免。

希望集团的老总刘永好说过："企业经营的失败，70%～80% 是在于投资失败，而投资失败源于决策失败"。其看法可谓一针见血。要想避免类似情况的发生，必须严格制定并遵循决策的原则。只有这样，才能以正确的决策为企业创造更多的利润。

第二十章　管理失误

哈罗德·孔茨说："有效的管理总是一种随机制而宜的或因情况变化而异的管理。"管理失误的表现一是机制，二是管理者的自身素质。

1. 官僚主义的大企业病

中国是一个有着几千年历史的农业文明大国，眷恋土地、怀念土地、依附土地，"地主式"的思维方式、行为习惯、人生抱负，深烙于人们的心灵深处。步入市场经济大潮后，这种"地主情结"便以另一种方式表现出来：盲目追求有形资产的扩展，并美其名曰"规模经营"。于是，不管市场前景、技术如何，先把土地圈起来，厂房盖起来，工人招进来，机器设备购进来，看一看原先的一些彩电、冰箱、胶卷生产企业，无一不是把有限资金全都花在圈地、盖房、招工、引进流水线上，从来就没考虑过技术升级、市场拓展、人才整合和企业文化建设。更为严重的是，强烈的"地主情结"，致使企业经营者"只见市场经济的功能，不见市场经济的制度构造"，管理漏洞百出、市场一盘散沙、制度一文不值，成功时得意忘形，危机时手足无措。

中国企业起步晚，规模小，在世界经济大舞台上远没有占得一席之地。随着世界跨国公司纷纷涌至中国，中国企业更加感到与世界大企业的差距。中国企业直接与国际企业竞争，按照国际游戏规则规划企业，中国企业所面临的外部环境大大改善，资金、技术、管理理念及方法的引进更加方便。这必将给已具有国际竞争力的企业带来有利的发展机会和更广阔的发展空间。同时，也必然会对那些规模小、成本高、技术水平相对落后的中国企业造成冲击。总的来讲，企业面临的最大问题是管理，这一弊端在中国"入世"后暴露无遗。另外，观念问题、体制问题、环境问题以及高科技企业本身的行业规律问题等，都需要花大量的时间和精力去考虑和应对。中国企业面临适者生存、败者出局这一总的国际竞争原则,中国企业必须在这种环境中求得发展。因此,中国企业必须调整战略,提高产品的竞争力,迎接这一挑战。这将为中国在 21 世纪的竞争中争取到更为有利的生存空间。

联想作为一家拥有雄厚经济和科技实力的中国 IT 产业龙头老大,为迎接未来挑战、提高自身竞争力制定了切实可行的发展战略。这些策略包括在信息产业领域内多元化发展;以国内市场为主,兼顾国际市场为辅;发展自主品牌,形成若干自制产品系列;走贸工技的发展道路,大力推进技术创新,建立面向市场的应用研究体系和前瞻性中央研究体系,将联想建成技术驱动型企业等。

对于有些企业来讲,由于成熟的市场机制和企业机制已经形成,没有必要更多地讨论这部分问题,像法人治理结构、董事会与股东、管理层的关系、商誉诚信等这些都没有必要去讨论,企业更关注运行层面的策略和技巧。

企业组织凌乱、缺乏系统管理,在需要加强的管理部门,组织内缺乏骨干人员,这样的企业往往面临管理人员需求危机。企业的管理人员需求又不能完全从职业经理人市场上来解决,而大部分要自己解决,所以要调整人事,扩大原有人员的权限,让一些新手加入到管理者的行列,这些新手面对全新的组织、全新的管理问题往往不知该如何处理,这必定使正常的管理系统受阻,影响企业的整体运作。作为企业最高决策者有可能因用人失误而导致企业利润大幅度的下降。另一方面,由于企业组织规模的扩大,企业的驾驭能力就成为一个问题,怎样建立严格的管理规范并得到有效的执行,特别是如何完善个人价值评价体系,对关键人的监督和发挥他的积极作用就需要作出制度方面的保证和安排。

2. 激活造血细胞，严防财务危机

一家高速运转中的企业所面临的财务困难是多方面的。有可能是无法筹集到足够持续扩张的资本，还有可能是无法控制开支、库存和应收款，这其中的任何一项哪怕只出现短暂的失衡，都可能致使企业万劫不复。

当这种突发性财务危机爆发的时候，即便是一家市场销售业绩不错的企业，要在很短时间内筹措现金也不是一件轻而易举的事，付出的代价肯定是巨大的。那些能够在危机关头以高代价筹到资金或廉价抛售其股份的企业能渡过危机已是不幸之中的万幸了，更多的企业则是突然窒息而亡。近年来，很多跨国企业便往往捕捉到这些天赐良机的时刻，对有发展潜质的企业实施低价控股收购，这方面的案例实在数不胜数。

因此，当企业进入新的发展阶段或面临一个新的巨大的市场机遇的时候，它首先要解决的内部问题，便是如何调整原有的财务和资本结构。西方经济学家研究显示，销售或订单每增加40%～50%，新企业的增长就会超出其资本结构的增长，这时，企业一般就需要构建一个新的、不同于以往的资本结构。有专家还建议说，一个扩张中的新企业应该切合实际地提前三年规划其资本需求和资本结构，而且这一规划最好是按最大可能的需求来进行。

销售额增长而利润却很难实现增长甚至出现滑坡，这就是利润扩张危机。这里边就可能存在较为严重的管理问题。

管理费用过高主要表现在：①企业的管理人员过剩，需要支付较高的酬金；②管理环节过多；信息传递的费用过高；③部门利益呈刚性，增加了讨价还价的能力；④资金周转效率较低，现金投放过多；⑤经费管理不严，缺乏严格的财经纪律。

企业办事、请客、送礼、开会等支出混乱，缺乏严格的财务纪律。如果部门利益林立并具有刚性，财务支配权过大，账外账过多，考核不严都有可能造成问题。另外人工成本过高也有可能造成竞争力减弱。

企业财务出现危机并非一朝一夕，它是企业长期财务经营矛盾的集中体现。从企业理财实践看，企业财务危机爆发前会出现许多应引以重视的问题。

(1) **财务结构不断恶化**

这是财务危机发生的显著征兆。突出表现为企业资本性投资膨胀，营运资金供应困难；负债比例过高，偿债能力持续减弱；应收债权比重过大，债权回收风险不断提高；风险投资超过应有限度，投资回报日趋下降；费用性支出非理性增长，企业积累能力迅速减弱等。财务结构恶化，容易导致财务经营崩溃，财务经营停滞，由财务危机导致经营危机。研究财务结构，主要通过财务经营能力、偿债能力等财务指标的分析，认真研究其发展变化规律，不断寻找影响财务结构变化的蛛丝马迹，以求做到有备无患。

(2) **财务经营信誉持续降低**

财务信誉是企业重要的无形资产，是企业理财的重要条件。良好的财务信誉，对企业筹资、信用结算、产品销售、原材料购进等都有极为重要的作用。财务信誉的好坏是企业整个理财策略、理财水平的高度体现。一旦财务经营信誉受到影响，出现信誉降低的局面，最直接的后果是筹资融资受到掣肘，资金筹措极为困难，股票市价跌落，经营资金减少，信誉结算无法开展，债务纠纷发生等。持续降低的财务信誉是企业财务危机的催化剂。

(3) **财务经营秩序混乱**

会计信息严重失真，财务管理基础十分脆弱；没有科学的财务经营机制，理财随意性极强；投资无度，回报率低；资产管理漏洞百出，企业经费浪费严重；盈利分配失衡，企业积累水平减缓。总的讲，企业内部科学的财务经营秩序没有建立，良好的财务经营机制没有形成，财务信息失真，理财措施政出多门，朝令夕改。混乱的财务经营秩序，容易产生理财失误，理财舞弊，是财务危机滋生的土壤。

（4）经营效益明显下降

其一是销售额持续下滑，尽管企业全力以赴，销售水平仍难提高，市场份额不断丢失，甚至靠打折、让利维持销售，人均销售额明显低于应有水平；其二是销售额提高而利润未增，这通常是财务危机的明显征兆。有的企业过分重视销售，在销售策略上打价格战，打回扣战，打奖励战，对利润关注不够，结果劳而无功，资本不能增值，经营规模不能扩大，长期下去，企业必将陷入绝境不能自拔；其三是连续多年出现亏损。连续多年经营亏损，必然吞蚀企业原有资金，也是财务危机的明显征兆。按国际上企业理财的经验，一个企业若持续慢性亏损五年，经营未见好转，危机在所难免，应主动申请倒闭。

（5）自有资金不足

一个企业，如果自有资金不足30%，说明正濒临警戒线。一个企业能够承受亏损的程度需视企业的自有资金而定，如果自有资金充足，即使亏损一段时期，企业也能挺过去；如果自有资金不足，则会立即陷入绝境。这是不可回避的。

（6）受关联企业倒闭的牵连

财务经营过程中形成了企业与企业之间的财务链，尤其是重要的关联企业，甚至可以说是共存共亡。因此，企业必须能够应付不期而至的呆账坏账。防患关联企业倒闭而造成财务危机，需要提高辨别危险客户的能力，通过经营和财务活动，看关联企业的底气，领导人的心态变化，员工的精神面貌，企业生产情况等，从中发现问题，研究对策。另外，重大诉讼案件的发生，也预示着企业危机的产生。总之，财务危机不是凭空而来的，有其固有的征兆，潜心研究，必有对策。

3. 任人唯亲结恶果

目前，有很多企业普遍存在着任人唯亲的现象。在企业的核心岗位和管理层，几乎全是企业老板的家人、亲友或同乡，很多优秀的人才却被排斥在外。

随着危机的发生及市场环境的变化，企业这种用人方式逐渐暴露出它的弊端，仅依靠原有的家庭成员已无法满足企业对技术、信息、管理等的需要。

如今众多家族企业都面临继承问题。在这方面，我们似乎看到了一些不同的安排，其中一部分具有相当的革命性，使企业有持续发展的希望。

在我们的传统文化中，若是一个有能力的后代继承事业，应该是最为理想的选择，尤其这位继承者能够在能力外，还表现出大公无私，努力工作，深得公司员工的信服，这是比较理想的接任状况。

52岁的赵某，10年来已承包、经营过多家饭店。他拿出多年积蓄，投资近百万元，在镇上建了一家大饭店。饭店建成后，赵某有喜有忧——喜的是终于圆了自己的"饭店梦"，忧的是自己年纪已大，旧的管理方式很难适应现在市场竞争的法则，于是想让儿子继承父业，把饭店撑起来。不过赵某并没有按老习惯把饭店直接交给儿子经营，而是提出让两个儿子公开竞标承包。

此想法第一反对的是妻子，随后的是亲朋好友，一致认为这样做会伤害父子感情。而老赵心中另有一番打算——让儿子们吃现成饭，没有压力,饭店也难经营好,只有这样才能培养他们的经营能力。

春节过后,老赵拟好竞标方案,邀请了儿子的叔叔、舅舅作证人。标底从每月交 6000 元开始,两个儿子一路竞价,最后大儿子以每月上交 1 万元的价格中标。父子俩签订了合同,规定了每月交款的时间和违约责任,开业前还交付了 2 万元风险金,并请区公证处公证。

大儿子夫妇承包饭店后,的确感到了压力和风险。他们俩新婚不久,就住进了饭店,开业伊始花了 3 万元增添设备。早知老赵能拉业务的特长,儿子儿媳还招聘老爸为业务采购员。三个多月下来,饭店不仅按时交了承包款,而且还赚了钱。现在老赵这一"创造"已得到了村民们的理解,镇上又有 3 位老板仿效老赵,以竞标的方式让儿女们继承家业。

但若第二代人数较多,个个有权继承,则问题较为复杂。为了减少各"房"利益与企业发展需要之间的矛盾,则不如采取"分封诸侯"的办法,让每人自己拥一份天地去发挥,如有成败,其原乃是来自经营原因,而非出于家族成员之间利益冲突。当然,这种做法,是以原有事业在规模及组成上容许分割为前提,这和创业一代是否看到这种需要而早为规划有关。或者有人认为,这种"分家"做法将使企业规模不断分裂缩小,而产生不利影响。实际上并非如此:一则,这些分属不同继承者的事业之间,并非是不可建立合作关系的必然性;反而是在这种相当独立状态下所发展的合作关系,是比较自然而合理的。再则,就当今世界上的管理潮流而言,许多非家族所有的大型企业,也都主动将其庞大事业分割为许多具有高度独立地位的子公司,以保持其经营弹性和活力。因此,经过良好规划的"分家",反而可收到家族结构与经营结构一致性的效益。

在上述较为传统的由创业者第二代继承的状况外,也有所谓的"传贤不传子"的事例。其背后原因之一,或系无子可传,或因子女未有继承经营之意愿,这些乃属事实上的无可奈何,而非主观上的选择。但若不是这类原因,原有之企业家愿意将主持大权交由家族以外成员继承，则系一种相当革命性的做法，仿佛让我们回到历史上尧舜禅让时代了，出现这样的结果，当然是很理想的，这就是产权所有者与企业家的分离，对事业发展显然是非常有利的。

1998年5月，著名私营企业家、金义集团董事长陈金义率先自免总经理职务，抡起了打破私营企业中普遍存在的"家族制"的第一锤。随即，陈金义的30多位亲属或降级、或退休退位。与此同时，一大批"陈氏家属"外的能人走上了中高层岗位。

家族制被打破之后，一位具有丰富市场营销经验、曾任某企业厂长的新经理走马上任，他加强了销售人员的管理和培训，通过各种方法和途径紧密企业和经销商的关系，使很多经销商和企业结成了"命运共同体"。与此同时，在广告投放、营销策划上更加具有计划性和科学性，从而一举打破了市场僵持局面。在安徽市场，通过竞争上岗的营销经理有了用武之地，使"金义AD钙奶"成为同类饮料中的第一品牌。在山东市场，金义集团产品销量上升300%，当地人高呼："金义产品卖'疯'了。"

打破"家族制"后，职工们特别是市场代表们大兴调查研究之风，积极为产品的定位、运作方式出谋划策。1998年底，金义集团经过市场调查推出了专利产品旋转盖第二代AD钙奶，受到了消费者的普遍欢迎。

家族制打破以后，在员工中树立了制度高于一切的观念。金义集团有200多辆运输车，原来在使用上一直处于混乱状态，费用高居不下。改制后，驾驶员实行投标竞争上岗，对车辆实行承包制，用车按章办事，绝不存在人情面子问题，运输成本迅速降了下来。1999年1～6月，按同等运输量测算，仅运输成本就下降了300多万元。与1998年同期相比，运输、物资采购等成本共节约700多万元。

第二十一章　创新失误

　　企业处在市场涌动的洪流之中，竞争无处不在，而胜出者自然是拥有突出的核心竞争力的一方。变革在竞争中的地位无比重要。"一潭死水"的企业想要在竞争中取胜可谓难于上青天，而创新往往又和变革联系在一起，创新就意味着打破传统，打破传统则是变革的结果。企业就是在这种竞争、变革和创新的环境中茁壮成长的。我们现在搞市场经济，是摸着石头过河，会碰到许许多多的新情况、新问题。如果不及时地进行企业变革，在各个方面及时推陈出新，迟早会被淘汰。

1. 走进创新思维的盲区

企业家是那些富有眼光、勇于承担风险、善于抓住机遇并具有创新精神的企业管理者。

企业家是经济发展的核心力量。企业家创新的动力一方面来自于他们追求利润最大化,另一方面来自于他们自身对挑战经济环境和创造新事物的不满足,例如成功的欲望和占有的欲望等。企业家是构成创新活动的主体,企业家的创新活动构成企业家利润的来源。通过企业家的创新活动,打破了原有循环流的状态,使总收入大于总支出,企业和企业家的利润有了大幅度的上升。

创新活动总结为以下五个方面:
①新产品的研制;
②使用新型技术;
③开发新的市场;
④寻找新的原材料供应方式;
⑤建立新的产业组织。

从政治经济学家熊彼特对创新的定义上我们可以看到,每一个创新都是与商业相联系的,都是被应用的,不存在单纯的离开商业活动的技术创新。因而在 20 世纪初期的时候,西方国家就把创新与财富紧密地连接起来了。

虽然表面上许多企业对于技术和产品创新已非常熟悉,可实际上对其内涵并没有深刻的理解,在认识上还存在着很多误区。认识上的误区导致行为上的偏差，因此，企业要真正走上依靠技术创新不断发展的道路，必须走出技术创新认识上的很多误区。

技术能力不等于技术创新能力，提高企业的技术创新能力，是企业开展技术创新工作的前提。但在技术创新能力的理解上，很多企业并不是很准确和清晰的，多半把技术能力和技术创新能力等同起来。所以一提技术创新能力的提高，就是抓技术改造、上设备。这些都只可能提高企业的技术能力，而不是技术创新能力。

技术能力和技术创新能力实际上是完全不同的两件事情。前者只是后者的一个构成要素，而且这一要素如果不与企业的市场适应能力、市场开拓能力以及企业内部的经营和管理能力有效地结合起来，是不能发挥其创新作用的。

上项目不等于技术创新，大多数企业自认为开展了技术创新，但实际上并没有取得应有效果。这反映出企业在技术创新认识上存在的另一个误区。有些企业之所以自以为开展了技术创新，实际上是把上项目、开发一两种产品与技术创新等同起来了。

当然技术创新最终要落实到项目上，许多企业搞技术创新也把项目作为突破口，一些新兴的科技型企业也是靠一两个支柱项目起家的。但是，把技术创新狭窄地理解为上新项目、开发新产品，则是不利于企业持续稳定地发展的。

按照产品生命周期理论，每一种产品的发展，都要经历开发、投放、增长、成熟、衰退等几个阶段。我国研究技术创新问题的著名学者傅家骥认为："一种产品的市场，不仅会趋于饱和而达到成熟化，而且还会走向衰老或死亡，既而被别的产品的市场所替代。这种替代会使企业的命运发生戏剧性的变化，现行技术领域的领先者不可能成为新技术领域的领先者……"实际上，这正是企业必须持续开展技术创新的理由所在。仅仅把目光盯在项目上，就很容易导致异样的认识，以为一两个项目开发成功就取得胜利了，开始故步自封、不思进取，结果在无情的市场竞争中被淘汰。

作为不确定时代的企业管理者,要想获得成功,必须要拥有一种受迫害的精神:即要每时每刻提防竞争对手有可能的袭击,而最好的预防就是不断进行创新,以保证企业的领先优势。要求自己永远走在形势的前面,永远超前创新,发扬义无反顾的精神——即使手中还有正在挣大钱的产品,决不允许借口回避和喘息,全速开发新产品取而代之。

从抛掉赚着大钱的储存芯片转产微处理芯片,到甘冒被公众群起而攻之的危险进军个人 PC 市场,全都体现出英特尔"永远超前创新"的企业理念。英特尔公司前董事长和首席执行官格鲁夫以自己和英特尔为风眼,硬是掀起一阵阵旋风。20 世纪 90 年代末,他掀起的奔腾革命旋风有划时代的意义,它并非技术上领先这么简单,互联网络的时代,稍纵即逝,稍不留神便容易被潮流气势抛弃。世界上每个事物都有一个从成长壮大到衰老死亡的过程,企业的发展也是如此。

商业历史上从来没有一家公司能够长盛不衰,青春永驻。不是因为其所在的行业逐渐衰落,就是由于公司本身的经营决策发生了重大失误,都会造成公司最终被市场所淘汰,一些每每都能准确抓住时代脉搏,时常进行经营转移的公司也许只在理论上存在。不断创新无疑是延长企业与产品生命的惟一方法。

正确的做法应该是,在选择和启动技术创新项目的同时,不光就项目抓项目,应该把着眼点放在企业技术创新机制的建立和完善上。所谓技术创新机制的建立,用通俗的话讲,就是要形成"构思一代、试制一代、生产一代、销售一代"的机制。只有持续不断地进行产品创新,才能创建永远不倒的市场。

面向市场不等于盲从于市场,不单纯地理解为"市场需要什么就生产什么",不能把目光仅盯在市场热销的产品上,产品开发消极地跟着市场走。按产品生命周期理论,当一种产品在市场上热销时,事实上已处于产品生命周期的成熟期,紧接着就是衰退期的到来。当千军万马挤向这一相对狭窄的领域时,衰退期又会加快。消极适应市场只能是死路一条。

　　积极主动地去开发、去创造新的市场,一些技术创新取得成功的企业全是走在市场前沿的,想别人没有想的,做别人没有做的,敏锐地观察到潜在的市场需求。这就是技术创新要面向市场的真正内涵。当然,潜在的市场需求是不确定的,一种创新的产品能否占领市场,不单取决于用户的期望值,也在很大程度上取决于企业本身开拓市场的能力,并且有承担极大风险的勇气。

2. 创新与市场脱轨

关于创新失败的原因，福斯特和美国产业联合会都分析其中的原因，这些原因对中国企业来讲也是合适的。

根据福斯特的研究，他认为创新失败的原因有以下两点：

①对市场中的有关信息了解得不充分；

②管理无能。

根据美国国家产业联合会机构的研究结果，创新失败的原因有以下几点。经过研究，中国企业的创新失败也存在于这八点之中：

①对市场的分析不够充分；

②产品存在缺陷；

③时间选择有误；

④比预期所付出的成本要高；

⑤市场营销努力不够充分；

⑥市场销售努力不够充分；

⑦销售渠道不充分；

⑧竞争性报复。

从以上可以看出，创新失败的原因除了存在对市场了解不够充分等原因外，80%以上的原因是管理问题，也就是管理无能，或叫管理不到位、管理不够充分。假设管理的强度足够强，对管理的努力从80%到100%，创新就会获得成功。很多创新活动都是半途而废，再努力一把，再加把油，就有可能取得成功。可是有些企业却在这时停止了，灰心了，导致了失败。

真正的企业家越是在困难的时候越是挺得住，并且能够发现管理不到位的问题，鼓励大家：离胜利只有一步之遥，伸手可及。所以对企业要重视创新的管理。

管理决定未来

前通用电气集团 CEO 杰克·韦尔奇曾说："我们现在所处的时代是非常难决策的时代。陷入一个衰退的市场之中是一件十分棘手的事，最糟糕的还不是此类事情，而是总经理对开拓市场销售渠道的无所作为。"韦尔奇认为，一个人一生中可能会有很多等待，只有在市场中把各种因素与各种意识结合起来，行动起来，决心把一切做得更好，才会取得成功。也就是说，只要在理解以上因素与意识之后，才能对存在着所有的潜在性作出分析，不断制定出选择事例，提供多种销售渠道的选择方案，以此揭示尽量多的可能性。

中国大恒公司在第二届中关村电脑节前，大恒 DIY 系列电脑还是一个并不出名的品牌。可是在电脑节结束以后，它却像一匹"黑马"异军突起名震中关村电子一条街，每天登门购买者不断。大恒公司是用什么办法使大恒系列电脑如此走俏？那就是大恒推出的消费者可以随意提出电脑的配制，公司当着消费者的面现场制作、试机直到消费者满意以后才付款提货。整个计算机的每个部件价格、组装、制造的过程像一条玻璃缸里的"鱼"透明在消费者的眼前，这样一种方法深受消费者的青睐。

一位 IT 界人士曾经说过："进入竞争市场后的电脑产品价格是卖方和买方共同追求的目标。"从大恒电脑制作的现场来看，大恒营销新举措冲击着中关村电子一条街。中关村电子一条街，是我国最大的电脑销售地，也是一个激烈的竞争市场，各种促销手段层出不穷。美国戴尔电脑的直销方式，康柏和惠普电脑满天飞舞的广告宣传，以及国内厂商买一台电脑赠送软件大礼包，低价配备一台打印机的务实促销方式，全都可以在这里看到。所有这一切却挡不住大恒电脑这种价格透明、生产透明的营销革命的冲击。它不但让消费者站在电脑产品的面前，像购买水果一样挑来捡去，如果是电脑行家里手，还可以在流水线上自行装配。

大恒这种电脑营销革命不但从电脑市场划走了一大块领地，也给中关村电子市场带来新的营销模式。

3. 创新不等于冒险

企业创新包括制度创新和产品技术创新，在此探讨的创新危机是指产品技术创新危机。企业的生命力来源于新产品的不断涌现与旧产品被淘汰的循环过程。硅谷成为举世瞩目的焦点，关键在于善于从事技术创新。一个真正的企业家是决不会放弃在技术上的开拓的，比尔·盖茨即使面临着微软被一分为二的决定时，也没有停止过在技术创新上的努力。在知识经济时代，掌握了先进的技术就等于掌握了企业的命运，因此令盖茨最焦虑的事情只会是技术上的停滞不前。

企业创新危机一方面表现在其忽视新产品的市场潜力和引进新技术，死守着老产品不放，最终导致产品缺乏市场竞争能力，造成企业被淘汰的局面，另一方面表现在盲目创新，不按市场规律办事，开发出的产品虽然技术先进，但不是市场所需要的。

1993年，当听说对手百事可乐公司即将推出一种无色透明的新产品时，可口可乐立即组织研究人员快速完成类似项目的研制，以对抗百事的进攻。时至今日，可口可乐公司在土耳其的桃味饮料、在德国的果味芬达以及在比利时和荷兰的Aquarius运动饮料都已上市。可口可乐甚至还经历过产品创新失败，例如1985年，可口可乐公司宣布更改已有百年历史的老配方，而采用刚创新成功的新配方，公司为此配方历经3年，支出500万美元。不料，新配方的研制引起市场轩然大波，消费者公然表示新可乐没有老可乐口味好，不少人抗议示威，拒绝接受新配方。无奈的可口可乐只好恢复老配方，而老对手百事可乐却在

管理决定未来

此时不失时机地乘虚而入，占了上风。今天，可口可乐更是鼓励经营者们和科技人员开发包括无碳酸饮料在内的各种新产品，直接参与新产品创新。

技术创新的成功是以市场需求为导向的，但求技术而不问销路，是一种舍本逐末的做法。不光像可口可乐这样的传统型企业曾犯下了如此的错误，这条市场法则也常被许多高科技企业违反。"瀛海威"曾着力开发当时在国际上亦十分超前的"网上交费系统"，做成后投入网络里却激不起一滴浪花。"瀛海威"的孤独，说明了不是科技含量高、实现手段先进，就一定会给企业带来利润。吸铁石步入教具的行列，不锈钢清洁球取代了传统的丝瓜藤，一些产品仅仅是把大家都司空见惯的东西改头换面，挪了一个使用的地方而已，但却因为贴近百姓生活而受到消费者的青睐。

第二十二章　资本运营失误

　　企业的管理者们应该把目光放远一些，了解一些必要的金融知识，在资金运作方面下一番功夫。在当今经济的发展史上，许多企业都是因为金融知识精通，擅长于搞资金运作才兴旺发达的。同样，在资本运营方面发生失误，则会造成企业的先天营养不良，甚至因此而遭受灭顶之灾。

1. 资本结构不合理

　　银企关系不应该是单纯借还钱的关系，企业的"老总"们应该把目光放远一些。当今世界，银行业已经跨过货币流、票据流，进入了电子流的时代，看不懂《子夜》《钱商》，听不懂"贴水""贴现"的企业老总还能适应这个世界，在经济大潮中永立潮头而不败是很难想像的。因此，企业的老总应该意识到，除了管理、懂技术，还应该多了解一点金融意识，懂一些金融知识，学会资金运作的知识，能够充分地、正确地"利用"银行，不然多么强大的"巨人"都可能会在一夜之间倒下去。

　　当前我国许多国有企业的资本结构十分不合理，负债率高达70%的程度，同时利息负担过重，许多企业处于财务危机即将爆发的边缘。

　　企业融资决策是决定企业资本结构的关键。企业融资决策必须考虑如下四个方面的问题：

　　①确定通过什么方式融资；

　　②向谁融资；

　　③融资多少；

　　④如何偿还。

　　这几个方面将决定企业资本结构的合理与否，从而决定企业未来财务状况是不是稳定以及未来的财务风险与破产风险。

　　首先，不同的融资方式给企业带来的财务风险不同。企业决策者要考虑形势，对各种融资方式进行分析比较，权衡其成本与效益，挑选出最可行的方案。

　　其次，必须重视向谁融资。债权人的不同，对到期收不回投资的态度会有一定的差距。例如巨人集团有着良好的业绩和信誉，但从来没有向银行融资过一分钱,而是向民间个人筹资 3000 万元,在债务到期时,因无法及时偿还而引发财务危机。

再次,融资金额大小直接决定了资本结构状况。资本结构是动态变化的,在经济形势较好的时期,企业销售额较稳定,在税前利润率高于负债利息率时,负债比率可以适当地提高一点;而在经济不景气时,负债比率可以适当降低一点。结合投资项目或资本营运所需资金量,优先考虑企业内部融资和权益融资后,再考虑举债融资。这样可以保证企业资本结构较佳,融资成本较低。

恰当安排债务偿还期应该得到重视。要是债务到期,企业由于现金周转困难,可能会招致破产或被其他企业兼并。企业破产清算的主要原因有两个:一是因企业每年亏损收不抵支,难以继续维持下去;二是企业经营状况较好,因资金周转困难发生财务危机,没有办法偿还到期的债务,不得不宣布破产。因此,将不同期限的债务合理搭配,以减小偿债的压力,及时安排到期债务资金,保证企业资金周转顺畅。

大家都知道,中国在 20 世纪 80 年代之后进入了经济高速增长的历史时期。在这 30 年间,又经历了从商品短缺时期至商品相对剩余时代的重要转变。在商品短缺时期,中国的企业主要以壮大投资规模来获取投资利益,并且这种投资利益的取得仅承担较小的投资风险。因此,客观上形成了负债扩充投资规模的外部环境。国家对国有企业"拨改贷"政策的出台,也促使国有企业只能走负债扩充的道路。当时,企业界比较流行的一句话就是:"走负债经营之路,创一流企业雄风。"尽管当时全国各地的低质量、低水平的重复建设项目大批上马,但由于市场上的需求大于市场供给,由此掩盖了其中不合理的盲目投资导向。事实上,需求大于供给的卖方市场是不存在真正的商品挑剔者的,而不存在商品挑剔者的市场环境就使企业在生产经营上缺乏技术创新的紧迫感。

步入 20 世纪 90 年代之后,中国的市场环境发生了质的转变,企业所习惯的短缺市场已经消失,企业所面临的市场环境出现了商品的相对剩余，市场也由卖方市场转变为买方市场，而那些质量不高的商品立即遭到了消费者的挑剔。于是，市场竞争出现了，经营风险与财务风险几乎同时出现在负债经营企业的面前。由于经营风险的日趋突出和企业息税前利润的减少，负债企业入不敷出的财务危机开始暴露，一味举债来扩充投资规模以增强市场占有率的方针受到了挑战。当企业生产的产品在仓库中大量积压，或是发出去的产品收不到货款的时候，资金周转发生了困难，财务危机就不可避免地产生了。

20世纪70年代从黑龙江呼兰县走出的小建筑队发展到今天拥有35家下属企业的东方集团，实属了不起。其能成为经营范围涉及金融、经贸、港口交通等多个行业的大型跨国企业集团，关键一招就是成功地进行了产业资本和金融资本融合的资本运作。靠产业资本的回报去扩大再生产，往往就会事倍功半，有了金融资本做后盾，金融资本帮你调剂资金，帮你筹集资金，再做产业资本发展的后盾的话，产业资本就能达到低成本高速扩张。

会利用外资，会借别人的钱、借别人的脑来发财的人，永远都会走在别人的前面。借别人的钱、借别人的脑，就等于踩在别人的肩膀上。强大的资金后盾为产业资本迅速扩张提供了有力的支持。今天看来，东方集团在国内资本运营的一连串漂亮动作，在国际资本市场上的实质性突破，使其再次赢得这种历史机遇。但有谁知道，东方集团是一个新兴企业，不是一个拥有雄厚资本实力和丰富管理经验的成熟企业。在创始人张宏伟启动资本运营时，中国没有一套完整的资本运营和产权交易的制度体系，在必须涉及的财政、税收、银行许多政策上并未达成共识。更关键的是，政府在原则上仍然忌讳私有化，一些开明的地方官员也只停留在"出售不良资产"的程度。张宏伟说："我们并不是在'十五大'明确方向后才动手的，观念与制度的许多障碍在当时看来都是不可逾越的，我们赶上了广种厚收的时代，这是改革开放创造的神奇效应。"张宏伟由衷地感慨："有愿望几乎都变为现实，我们是踩着改革的鼓点跳跃到今天的。"

2. 盲目并购导致消化不良

一般而言，扩张过于迅速的企业都具备以下病症，而这些病症如果不能有效得到控制，就有可能使这些新兴的企业陷入危机甚至倒闭。

（1）**缺乏有经验的雇员**

在企业快速扩大的过程中，缺乏有经验的雇员是常见的现象。由于企业以极快的速度增长，不少雇员常常是在毫无准备的情况下承担起比以前更大的责任，特别是有些刚刚获得升职的雇员马上又被指派从事更为敏感、更为重要的工作。在这种情况下，企业家就需要特别小心，并对这些雇员的实际能力进行评估。

例如，一位原来担任会计工作的企业雇员突然被委以进行大笔投资重任，此时如果企业没有建立起相应的机制，对每天的资金往来情况进行监督，更不对资金缺口进行预测，这时企业的扩张就有可能出现危机。

在很多情况下，企业雇员人数的增长速度并不需要与企业的扩张保持同一水平。企业越是出现快速扩张的迹象，就越是要特别对某些关键性职位的任职资格作出明确的划分。同时，企业主还要把这种任职资格作为对企业管理结构进行调整的标准。最后，在这个过程中得出的结论还有助于确定哪些雇员需要接受额外的职业培训，才能适应新职位所带来的挑战；或者是确定是否需要重新任命其他人员来担当起这些职务。此外，这样做的另一个好处就是可以在出现重大的失误之前更换不合格的雇员，以避免遭受更大损失。

更值得引起注意的是，企业有必要确定哪些重要的职位需要"预备队"。

对于大部分企业来说，要维持本身的日常运营，就势必要建立起一支"后备役"队伍，这些主要职位通常包括企业的运输人员、采购人员以及商业票据处理员等。如果不对这些关键性职位采取上述措施，那么企业就有可能在一夜之间崩溃。

（2）不断下降的边际利润

在通常情况下，扩张速度过快的企业管理人员总是以边际利润率下降不足为虑，因为他们相信这一缺憾可以通过销售额的增长得到弥补。然而他们并没有预料到，市场需求超过供给恰恰是提高企业边际利润的大好时机。

企业的边际利润出现下降，一个很重要的原因就是企业成本在扩张过程中不断放大。由于市场需求旺盛，企业的决策人员往往只关心如何尽快地采购到原材料并招聘到足够的雇员。在这种情况下，企业管理人员很可能把产品质量和成本问题丢到脑后，认为这些问题完全可以留到以后解决。

可惜的是，市场往往并不会给企业解决这些问题创造机会。没过多长时间，企业的边际利润就会出现下降的迹象。要解决这些问题，一个办法就是尽快确定企业下一个生产周期实际所需的原材料库存和雇员人数。另外，假设企业的原材料供应商总是供货不够及时，那就有必要另寻他人。

最后，企业还有必须制定自己的产品折扣和付款方式。在企业的产品成为市场上的走俏货之前，这样做似乎并不那么重要，然而上述这两大因素却影响到企业的边际利润，甚至对企业的资金周转情况也带来很大影响。

（3）企业雇员操劳过度

在一个快速扩张的企业里，所有人工作起来都很勤奋，但是企业的管理人员必须注意将过度操劳和勤奋工作区分开来。企业管理人员要特别对那些操劳过度给予关注，并及时作出相应的调整。另外，企业本身的管理人员同样面临着这个问题。对于一家扩张迅速的企业来说，管理人员常常忙于应付多个危机，这往往会使整个管理陷入极度疲劳的状态之中，从而使企业的管理能力出现下降。

（4）信息的匮乏

作为一名企业管理人员，你是否常常感到由于缺乏足够准确的信息而使你难于作出决策？如果遇到这种现象，企业的管理人员千万不要满足于"这是因为企业以前从来没有出现如此快速的增长"或"你无法停下来等待准确的信息，否则就会错过决策的时机"之类说法。

信息匮乏的一个迹象，就是雇员们匆忙地弄出一大堆粗糙的数字，然后让工作繁忙的管理者们反复揣摩这些数字背后的含义。

举例来说，企业销售人员有可能匆忙地在每天的利润报表上列出本公司200种产品的销售情况，然后让管理人员们自己去猜测哪些产品的销量低于企业制定的目标。要解决这一问题，一个比较可行的办法就是要求销售人员另外列出一份报表，上面载明所有低于公司销售目标的旧产品。

实际上，企业的快速发展对管理者们提出了新的要求，那就是至少每月都要对公司的详细统计数字进行研究，这些统计数字包括：

①完整的企业财务报表；
②对企业资金流动情况的分析以及预测；
③产品边际利润情况；
④和预期目标比较后的产品销售统计数字；
⑤对顾客信用状况、购买心理预期以及数量的分析报告；
⑥产品生产工艺的变化以及成本变化；
⑦对销售商信用状况以及其他销售渠道的分析报告；
⑧对员工个人状况的分析报告。

（5）忽视监管者的建议

在企业出现爆炸式增长的时期，管理者们通常没有时间去听取监管者提出的建议。其实，这些监管者提出的建议通常是值得花费时间的。对于企业的管理者们来说，提出建议的监管者实际上是他们的支持者，他们的出发点是希望企业能保持住目前的最佳状态而不是相反。因此，企业管理者们有必要认真听取他们提出的每一点建议，因为这些监管者有时提出的建议恰恰关系到企业的生死存亡。

第二十三章　公关失误

　　一个把公关看成"美女+美酒"的企业管理者，他所领导的企业注定是没有前途的。在现代企业管理理论的实践中，公关有着丰富而系统的内涵。企业塑造一个什么样的形象，取决于公关策略和手段，而公关失误也会葬送一个看似强大的企业。

1. 没有危机预警机制

在激烈的市场竞争中，企业家并不是没有危机感，然而为什么常常在危机到来时，企业总是仓皇应战，处于被动挨打的境地？

问题的原因就在于缺乏一种机制、一种制度性的防范措施。智者千虑，必有一疏。再高明的企业家也会有"百密而一漏"，何况中国的企业与企业家真正被推向市场，在市场中锤炼的时间不过二三十年的时间。但制度性的东西并非短期内能够建立，因为制度是实践与智慧长期沉淀的结果，所以引进国外先进的经验、制度，就应该与中国的本土文化相融合才有实际的价值。

中国企业许多年来惯用"速度型"的经济发展模式，所以，当经济处在高速发展时期，经济总体扩张，发展速度很快。人们只看到表面的繁荣，看不到的是掩盖在表面下的亏损问题和企业潜伏着的危机。随着经济处于调整收缩阶段时，企业的低效、亏损问题就不可避免地暴露出来，而企业危机爆发的次数自然提高。因为在总体上讲，企业的扩张收缩周期与国家经济运行周期是相吻合的。

改革开放以来，尽管经济增长一直保持较高的速度，但有时高增长伴随着高通货膨胀，并且增长幅度的波幅非常大，经济运行存在非常明显的周期性。尽管无数经济学家殚精竭虑，力图找到烫平波动的理论方法，但对于这一世界各国普遍存在的经济问题，还是解释的多，真正行之有效的方法少。

不可忽视社会大环境的影响所起的作用。转型时期的社会意识、空气中都充满了浮躁的气息。

面对市场的种种诱惑，企业家们想的更多的是扩大再生产，神经总是紧绷绷的。总想傲视群雄，大有作为。巨人集团在大跳跃、超常规发展的理念下，发动保健品的三大战役，直至毕其功于一役，将巨人大厦的设计高度一拔再拔，而忽视财务发出的危机警示，最终怆然落幕。最为典型的是秦池酒厂的"标王故事"，这在中国已是人尽皆知。一个贫困山区的县属企业一夜之间"誉满神州"，"每天给中央电视台送去一辆桑塔纳，赚回的是一辆豪华奥迪"，继而又"每天送去一辆豪华奔驰，赚回一辆加长林肯"。然而，秦池美丽的风景太短，"标王"终于倒下。

在这种社会大环境下，企业家向前考虑得多，向后考虑得少；攻击型的思维占主导，防范型的观念居次位；有心规划宏图蓝图，无意审视潜在的危机。这也是导致企业缺乏危机信号机制的重要原因之一。

在危机四伏的商业环境中，危机管理亦或是危机运营理论对中国企业及经理人来说，不应仅停留在感叹，也不是自我警示，而是一门切切实实的必修功课。

中国企业推向市场的时间只有十几年，企业管理的模式、经验落后，危机意识淡薄，处理危机的手段较少，突发危机就束手无策。只有长时间保持沉默，求助政府，或是强硬对抗，这是不符合市场经济的运作规律的。无论是举步维艰、稳步发展、迅速膨胀，还是如日中天的企业都应理性地思维危机管理问题，真正看到中国企业与国外先进企业在技术、产品，尤其是管理上的差距，切合实际地改进每一项可能发现的管理问题，不断优化改进与提高，通过对企业危机的消除乃至转化矛盾，使危机成为企业的转机。

2. 信用危机

很多上市公司缺乏自律，不讲信用的根本原因在于产权制度的不完善。我国的证券公司和上市公司绝大多数是国有或国有控股企业，由于国有产权不明晰，对公司经营者缺乏有效的监督和激励机制，导致公司经营者对公司的长时间利益和声誉缺乏关心，行为短期化，结果必然是经营者及公司行为缺乏自律，"道德风险"加大。

我国的上市公司绝大多数是由计划经济体制下的大中型国有企业经公司化改制而上市的，国有股居绝对或相对控股地位。在这些国有控股公司中，由于国有股"一股独大"、国有股权代表人缺位，导致公司治理结构存在许多弊端，集中体现在以下三个方面：

第一，控股股东行为不规范。控股股东与上市公司长期在人员、资产、财务方面"三不分"，将上市公司当作"提款机"，通过不正当的关联交易等手段损害中小股东利益。

第二，对于上市公司的经营者缺乏有效的监督，经营者通过一系列手段侵占所有者权益，"内部人控制"问题相当严重。

第三，上市公司经营者缺乏长期激励机制，导致经营者行为短期化，上市公司缺乏诚信，违法违规现象严重。国有控股公司治理结构的弊端，是我国证券市场秩序失范、诚信缺失的主要根源。

改善上市公司治理的根本出路在于产权制度的改革——通过减持国有股，消除国有股"一股独大"的现象，优化上市公司股权结构，为从根本上改善我国上市公司治理奠定产权基础。然而，产权制度的改革是一个缓慢的渐进式过程。因此，必须在逐渐推进国有股减持的同时，积极探索改进我国上市公司治理的其他有效途径。

事实上，至少在自身的经营战略中，很多企业都在把诚信作为立身之本。可是从实际情况来看，偏偏有不少企业总是在这方面有问题，并且往往是一发而不可收拾。

从一些企业失败的教训来看，在策略和工作上的顾此失彼，形不成有效的诚信生存和保护体系是一个十分重要的原因。

有的企业对诚信的认识有些偏激，并进而导致行为上的偏差。诚信是一种经营文化，但又不是一种纯意识的文化，它是企业各种素质的综合反映。有的企业却忽视了这一点，在生产经营过程中，不是注意自身实力的真实积累，而是热衷于通过广告等手段，进行一种虚拟的文化炒作。实际上名不副实，有的甚至是欺骗行为，其脆弱的包装一旦被捅破，庐山真面目也就是显现出来了。秦池集团当年在中央电视台几番争夺广告"标王"，在市场上名噪一时，结果还是销声匿迹。

我们知道，联想能取得长足发展，最主要的原因是总裁柳传志经常告诫干部、职工："要取信于用户，取信于同仁，取信于领导。""产品质量、公司信誉和售后服务是企业生存的三大基础。"

联想人这种"言出必行"的严肃态度，就足以使联想驱散云雾露山露水了。

即使在1991年"黑色风暴"中日日计亏的情况下，联想仍使用高档高质器件以保证机器质量；即使在今日联想产品供不应求的情况下，联想仍然使用高档高质器件。

联想从1987年开始使用贷款，至今没有一次拖欠还贷。有一回还贷时恰逢调整外汇比价，竟多付出百万元。"言而无信，当知其可？"联想人说。

有的企业重视了某些对象、过程、产品等的信用，却忽视了与之相关的其他方面。便如有的企业在消费者中有信用，在金融部门却不讲信用，后者不支持你，来个"釜底抽薪"，你就没有活路。有的企业在生产环节没有什么问题，却在销售环节被少数不守信用的员工搞得声名狼藉。有的企业产品起初得到用户的喜爱，可在售后服务方面却让用户失望。有的企业产品质量不稳定，形成反差，使用户对其产生怀疑和抵制。特别是对生产企业而言，产品质量是取得信誉的关键因素，如果产品质量差，甚至出现劣质产品，对企业的影响将是极其恶劣的。如某路桥施工名牌企业，曾建造过无数精品工程，就因为放松了对某桥梁工程的质量管理，出现坍塌事件，一下就失去在工程建设市场的生存资格，过去的一切成功瞬间化为乌有。

第二十三章

公关失误

3. 危机处理失当

因危机处理不当导致元气大伤，甚至全面崩溃的中国企业，绝不只是三鹿一个。在竞争日益激烈的今天，危机无时无刻不在威胁着中国企业，任何企业都必须提高警惕，一不小心就可能陷入危机当中，如果处理不当就会威胁企业的生存和发展。

大到国家社会，小到一个组织，企业随时随地都有可能面临公关危机。引发公关危机事件的原因很多，如飞机失事、火车脱轨、毒气泄漏、食物中毒、产品漏电、他人陷害、流言蜚语、曲解误会等，不管是哪种形式的危机，一旦发生，都会给组织形象带来或大或小的影响，组织都必须认真对待。概而言之，公关危机主要有三大类：内部因素导致的危机；外部因素强加的危机；内外因素交互作用而引发的危机。

在市场经济中，企业所面临的市场瞬息万变，充满机遇也充满挑战。每一个企业的经营环境都不尽相同，随着营销组合中各种因素的变化，常常会出现一些意外的情况，严重的会危及产品的声誉，甚至企业的生存。

（1）**产品质量问题**

产品质量是整个企业形象的基础，是企业生命力的集中体现。生产质量优异的名牌产品的企业，其在公众心目中的形象必然优于生产非名牌产品的企业。用户购买了劣质产品，往往不会是对产品本身产生愤怒，其不满会直接指向生产该产品的企业。回顾本世纪初以来我国企业界所遇到的危机，很多都是由产品质量问题引发的。

（2）销售服务问题

在激烈的市场竞争中优质服务已成为企业生存发展的重要手段，企业能否提供优质服务的关键是心中有没有顾客。只要遵循"用户至上"、全心全意为用户服务的原则，在用户心目中留下良好的印象，就能从根本上为产品销售开创良好局面。应该承认，我国企业在这方面已经作出了努力，但效果并不佳，表现在销售业绩不佳和企业形象不佳。原因在于大部分企业只注重形式，不注重实质；只停留在喊几句漂亮的口号，而没有真正实现其对消费者的承诺。在销售服务中营业员素质太低而引起的危机尤其突出。如各地多次出现服务人员对顾客强行搜身等事件，严重影响到企业声誉。

（3）情感沟通问题

现代公关的概念包括企业内部员工和企业外部公众的关系问题，相应能产生公关危机的情感沟通问题也包括两部分：企业内部管理层与员工的沟通和企业与消费者的情感交流。

企业和管理不够完善，没有协调好员工和企业的利益，没有协调好员工的情绪，将造成企业内部的公关危机，使得员工对企业管理层不满，势必会影响到员工士气，员工带着牢骚工作很容易造成产品、服务质量低劣，由内部的质量缺陷导致外部的公关危机。

在当今日趋成熟的市场经济时代，与消费者沟通感情比销售产品更为重要。如果企业同消费者能建立起良好的感情基础，即使企业遇到困难，比如管理中出现偏差，或出现偶然性的质量问题，但基于消费者同企业进行过感情交流、思想融通，对企业、企业产品等有深刻的理解和认同，或许有可能将大事化小、小事化无。我国不少企业在营销过程中，更多的是利用广告宣传、人员推销等表层策略，而很少或根本没有和消费者进行深入的感情沟通。所以即使出现微小的失误也不会得到消费者的谅解和支持，有可能小事扩大，形成危机事件，甚至危及企业生存和发展。

（4）经营环境的变化

一般地，导致危机的外部宏观因素有：不可抗力，如自然灾害（水灾、火灾、风灾、雹灾、地震等），战争等；国家的政治、经济、军事、金融、税收政策、社会环境等以及相关行业的竞争、状况、所面临地位等。这些都是一个企业所处的外部环境，有些方面会长期对企业产生影响，有些则是会立即威胁到企业的生死存亡，如各项政策的突然变化等。能引发企业公关危机的外部宏观因素以国家的政策变化为主，如国家公布了更严格的环保标准后，许多小化工厂、小纸厂在政府规定下，社会舆论压力下因排污不达标而关闭。

（5）社会舆论

公关危机的外部因素还与新闻媒体的不利报道直接相关。公众对企业的了解主要来自新闻媒介的报道，新闻媒介制造的社会舆论是一柄双刃剑，可誉人成事，也可毁人败事，其作用不可估量。现代企业必须密切关注社会舆论动向。跟随时代的进步，公众越来越多的注意到了环保对于自身生存环境的影响，为了提高自身的生活质量，他们将通过各种手段通过舆论或是直接向政府施压。

广东大亚湾核电站的建成运转就是一个公关危机的成功案例。正当该项目批准之际，前苏联发生了有史以来最严重的核事故：切尔诺贝利核电站发生泄漏，全世界为之震惊。于是，香港的反核组织"地球之友"发动了一场要求停建广东大亚湾核电站的运动。大亚湾核电站面临生死存亡的挑战。

为了使公众真正了解广东大亚湾核电站的真实状况，从而得到公众的理解和支持，他们采取了一系列措施：

①开放核电站，对香港各界人士中持不同观点的人一律热情接待，座谈讨论，有问必答，消除顾虑；

②编发有关和平利用核能的宣传资料；

③协助有关部门与香港科技学会举办和平利用核能的展览；

④派专人去香港与新闻机构座谈，通过传播媒介进行正面的宣传，争取支持和理解；

⑤与核电站附近的地方政府和居民座谈、讨论，使他们了解核电站，理解它的意义。

通过这些工作，使公众了解到了核电站有着现代化的设备和严密科学的安全措施，从而使他们产生了安全感和信任感。风波平息了，广东大亚湾核电站不仅顺利建成，而且正常运转了。

第二十四章　经营失误

　　我们应该懂得如何进行计划、管理和控制自己，这些知识会引导我们大多数人进入一个全新的境界。当今社会涌现出了大批成功的企业家，同时也有一大批企业家最终失败，除了体制的因素外，企业管理者自身经营的性格、作风、知识、素养等在很大程度上决定着企业的命运。这是一件危险的事情，管理者个人因素导致的经营失误，往往会造成更严重的后果。

1. 经营企业成了经营权力

在国有企业中企业家错位的问题相当普遍，即不存在真正的企业家，或不由真正的企业家主导。国有企业"企业家错位"源于国企"所有者错位"。

国有企业没有企业家，或者说没有真正意义上的企业家，这种状态对于一个企业来说是非常危险的。这些年部分国有企业要么死掉了、要么衰落了，其中最直接的原因就是"企业家错位"。

一个没有企业家的企业会产生很多短期行为，这是用任何管理方法都无法避免的。企业家有任期，3年或是5年，他也只对任期内的行为负责。比如，一个不错的企业亏损后谁也不愿去兼并它，即使从长远看，兼并对企业的发展很有利，但这势必会影响到本企业当年的利润。这个承包者的收入就会减少，当然不愿意兼并。这是典型的企业家错位下的短期行为。我们这一代可以错位，下一代呢？现在可以错位，10年之后呢？等到我们难以继续保持错位的状态时，企业就离死不远了。

国有企业"企业家错位"的问题，早在多年之前就有专家提出，迄今没有提出解决问题的办法。或许有人说：像冯根生这样，采用让企业家持股的办法，同时又让他成为了"所有者"，岂不是就把问题给解决了吗？然而，让企业家持股，就有一个数量的问题，股持得少了，他说了不算，不会放心；股持得多了，那还能叫做"国有企业"吗？又想保持"国有"的纯粹性或"主体性"，又想解决其"企业家错位"

的问题,这本身就是自相矛盾的。

在管理者错位的基础上,国有企业的企业家通常不是经营企业而是在经营权力。中国的现状是《公司法》与《企业法》并存。因此,在选择企业家上也就存在矛盾。如企业家由上级部门任命,职工代表大会认可;也可以由职工代表大会选举,上级部门认可。实际上,问题常常出在相互矛盾的时候。

国家虽然是名义上的出资者,但在选择企业家的时候,则是通过政府部门来进行的。这些干部完全可能以自己的私利为重,侵犯国家的利益。干部滥用权力,损失的却是国家,这是权责不对称的体现。总之,国有企业选择企业家,常会因为主管部门干部有权力没有责任而导致各种问题。根据现代企业原理,选择企业家是出资者的权力,选择什么人的关键在于什么人选择。正如"59岁现象"所表明的那样,国有企业企业家的选择主要是政府部门领导的偏好。一些有作为的企业家,认为在国有企业干的困难是,企业领导害怕你功高盖主,总是千方百计地把你挂起来,不再让你显山露水,这种"人人设防"的管理体制不利于生产力的发展。

吉林省一家股份公司的总裁,原本是一家国有企业的厂长,由于经常与上级主管部门有摩擦面临着随时可能被更换的局面,后来,一家民营企业决定无限期地聘用他。这位厂长讲,我虽是堂堂一个国企老总,但现行人事制度在很大程度上挫伤了人的积极性,企业家也决定不了自己的命运。

2. 留不住骨干人才

业务骨干是企业的财富，可以帮助企业增加收益，创造价值。

任何一个企业都想留住业务骨干，当企业遭遇困境和危机时，如何留住这些业务骨干却成为一个大问题。

在这里，企业留不住骨干人才的原因有多种，但最主要的往往是分配机制、用人机制、管理机制或者不公平，或者不能及时创新，适应新的发展时期出现的新情况。

企业在经营过程中面临高级人才缺乏的困境，企业高级管理人才缺乏流动起来的机制，缺乏推陈出新的机制，企业管理者和所有者一旦出现决策思想不一致或其他方面的分歧，面临的问题就很严重。主要表现在：企业管理者一走了之，使企业措手不及，会由于缺乏管理者而陷入瘫痪，而且很难从经理人市场上找到合适的、成熟的经理人。从目前来看，中国能够经受住市场考验的经理人在外企，在外国企业的代理商中存在一个可以信任的经理人市场，外企为中国培养了一批成熟的经理人，但这一群体还为数不多。

经理人市场是企业在激烈的市场竞争中急切需要的市场，它是企业达到一定规模的时候一种必需的外在因素，这个市场是新创立企业、单个企业无力培养的，也是难以控制的，但是这个市场是新创立企业的营养餐，是新创立企业必需的。

可以说，经理人市场是由已经成功的企业共同来培养，并对新创立的企业提供一种人才溢出效应。

企业进入扩张以后，它必定要在多个领域、多个事业部同时进入，管理者的创业精神有助于引领这些事业的发展，而对于建立这些事业却无能为力，企业要在多个领域经营成功必须从外部解决企业所需要的高级经理人问题。

留住骨干人员是企业竭力要做的事情。如果有一个成熟的经理人市场，情况就大为改观：成熟的经理人市场可能是经理人过剩，但价格非常高。经理人虽然过剩，但经理人的价格非常高，他的价值也充分体现出来了，同时企业有了周转的机会就不会因一两个人的离去而严重受损。所以企业的经理人员要充分地流动起来，要加大流动的频率，在流动的过程中，不仅锻炼了经理人的综合素质和在各行业的实践经验，而且企业相互之间会创造一个经理人市场。

根据80／20法则，企业80％的经济效益是由20％的企业员工创造的。因此，对那些少数的优秀员工，在工作安排、薪金、培训等方面要有别于其他80％的员工。企业管理者要将20％的优秀员工列为核心人才，优先培养，重点指导，并且在物质和精神奖励上给予倾斜。

对于那些问题员工，处理的办法有两种：一是调离；二是在职培训。目的就是保证不会因为他们的自身问题而制约了企业管理的整体执行力。

这并不表明企业在营运过程中只保留20％的效益创造人员，企业是一个整体，其他80％的员工对于企业做强做大也是不可或缺的。

如果每一个企业都抱住管理人才不放，反而自己制约了自己。管理人才毕竟不同于技术人才，管理人才需要不同的实践环境、不同的社会环境，他的价值有时难以具体衡量。缺乏有效的、合理的和具有挑战性的报酬机制是难以产生经理人市场的一个重要原因。

经理人市场指的是经理人作为一种稀缺商品而言的，是商品就会有价格，那么如何给经理人定价，那就要看他的经营水平和经营业绩。要判断国有企业的管理者的经营水平显然是非常困难的，因为在这个特殊的体制下，管理者构成非常混杂，有非常出色的管理者，也有非常平庸的管理者，作为旁观者很难用一个标准对他们进行识别。经济学上把这叫做"内部人控制"或叫做"道德风险"。在国有企业存在着普遍的内部人控制和道德风险问题，所以对国有企业的管理者的报酬历来都是一个引起争论的话题。

3. 考绩制度不合理

从国有企业的角度，目前我国选拔企业高层管理者的方式主要有三种，即委任制、选举制和选聘制。从多年的运行结果看，委任制和选举制已经越来越不能适应当前的经济发展形式，特别是委任制已给企业的可持续发展带来许多不良的影响。

调查表明，管理者已经普遍承认行政委任制已给企业带来五个弊端：

（1）行政委任制挫伤了企业职工的积极性

这种选人方式，有很大可能埋没真正的人才，甚至使一些庸才或小人得志，增加了用人不当的风险。德才兼备者怀才不遇，而某些投机钻营者春风得意，这种示范作用极大地伤害了广大职工的积极性，轻则消极怠工，重则致使效率低下，人心涣散。

（2）导致了企业的短期和虚假行为

由于委任制，许多管理者并不把企业的发展作为他们追求的目标，因而就难以有长期打算，为了尽快得到重用和提拔，常常做表面文章，搞表面繁荣，甚至虚报浮夸。

（3）导致了国有经济难以发展

行政委任制，往往把一些非专业人员调入企业任领导，就任后起码需要一年半载的熟悉摸索，往往会使企业丧失许多发展机遇，于是不断更换人选，长此下去，这种企业很容易滑向亏损破产的深渊。

（4）导致腐败行为

要想获得企业领导人的位置，捷径便是拉关系走后门，于是溜须拍马、送礼行贿便成为一些人谋取企业领导权的便捷之路；当企业经营不善或亏损破产时，为了保住企业家职位或易地做官，必须要动用企业钱财搞腐败行为。

（5）加大了企业改革成本

特别是经营困难的企业，行政委任制增加了企业领导人与政府谈判的筹码，容易产生企业"不找市场找市长"的现象，使政企难分，政府干预企业经营的问题难以解决。

由此可见，企业领导委任制，一方面阻碍了真正企业家的产生，这是难以形成一大批职业化企业家的根本原因；另一方面，也窒息了企业经营活力，是国有企业普遍陷入困境的主要因素。

采用选举制也很难产生合格的管理高层，这只能形成单纯偏重于职工近期利益的"工会式经理"，无法形成所有者——管理者——职工三元制衡机制。近年来，一些企业为了满足职工的短期需求把内部资产不合理地分配，导致企业资产大量流失，这一现象已越来越引起人们的重视。

美国斯坦福大学教授钱颖一指出："中国国企在新旧体制转制中，'内部人控制'使一些国有企业产生了嬗变，成为'集体'企业，国家作为资产所有者的意志和利益被架空了；国有资产蜕变成集体资产。这是一种隐秘性极强的巨大流失。在已嬗变的国企中，经营人员和职工有可能掌握更大的利益，因此，职工对促成这种变化的企业家往往是采取拥护的态度。"由此我们看出，实行管理高层选聘制才是比较适合当今社会的一种选拔机制。

管理高层选聘可分为公开招标选聘与实绩考核选聘两种。在企业市场没有真正建立起来、管理者十分缺乏的情况下，应采取公开招标选聘形式来选任企业高层管理。这有利于挖掘社会人才的潜力，促进管理阶层迅速成长。随着现代市场经济的发展和企业市场的建立，企业高层的选聘形式应逐步转向以经营实绩考核选聘为主，因为经营实绩是检验企业家创新、管理、技能和素质的惟一标准。当然，实绩考核选聘也必须本着公开、平等和竞争的原则，在全社会范围内进行竞争性的考核选聘。

而在企业内部，不论是在国有企业还是在民营企业中，也同样存在着考绩不合理、不公平，甚至干脆没有考绩等诸多问题，而这往往与企业决策者自身素质和经营管理水平有着直接的关系。